Début d'une série de documents
en couleur

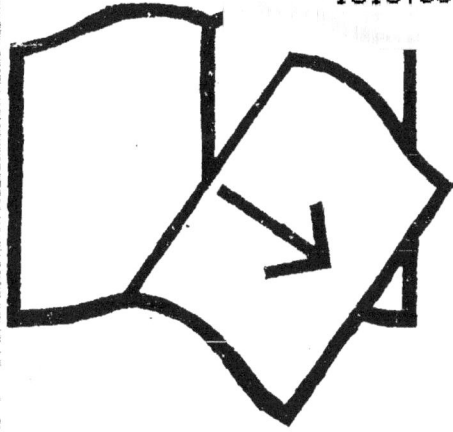

Couverture inférieure manquante

COUVERTURES SUPERIEURE ET INFERIEURE D'IMPRIMEUR

CARTULAIRES

DE

L'ABBAYE ROYALE

DE

NOTRE-DAME DE SIGNY

ET DU

PRIEURÉ DE SAINT-ORICLE DE SENUC

PAR

M. ED. DE BARTHÉLEMY

MEMBRE CORRESPONDANT

IMPRIMERIE COOPÉRATIVE DE REIMS, RUE PLUCHE, 24

Par dél. : N. Monce).

—

1879

CARTULAIRES

DE

L'Abbaye royale de Notre-Dame de Signy

ET DU

PRIEURÉ DE SAINT-ORICLE DE SENUC

Communication de M. ED. DE BARTHÉLEMY,
Membre correspondant.

Nous croyons que rien n'est plus utile que de fixer par un souvenir durable les documents concernant nos anciens établissements monastiques, notamment les cartulaires qui renferment les renseignements toujours les plus importants pour la géographie ancienne, l'état des personnes et des propriétés au Moyen-Age. Depuis quelques années, nous n'avons assisté qu'à trop de tristes événements, prémédités ou fortuits, qui ont détruit à jamais de précieuses archives. Il est, ce nous semble, du devoir des compagnies savantes de mettre à l'abri d'une destruction complète ces précieuses épaves du passé où l'on trouve les données les plus exactes pour notre histoire locale. L'académie de Troyes, les municipalités de Bordeaux et de Saintes, pour ne citer ici que quelques noms, sont entrées dans cette voie. Nous voudrions à notre tour prendre part à ce travail d'*assurances historiques*, et nous présentons dans ce but à l'A-

cadémie l'analyse de deux cartulaires conservés à
la Bibliothèque nationale de Paris ; l'un concerne
l'abbaye de Signy, l'autre le prieuré de Senuc ; ces
deux monastères sont compris dans le diocèse de
Reims.

I

L'abbaye Notre-Dame de Signy, sise au bourg de
ce nom, entre Réthel et Rocroy, doit sa fondation
à saint Bernard. L'illustre abbé de Cîteaux, étant
venu assister au concile présidé à Reims, en 1131,
par le pape Innocent II, profita de son séjour en
ces parages, à ce que nous apprend Marlot, pour
aller voir les comtes de Ribemont, de Château-
Porcien, de Rosoy, et le seigneur du Thour. Son
but était d'obtenir d'eux la fondation d'un grand
monastère cistercien. Il réussit sans peine et ren-
contra même auprès de ces riches personnages une
générosité plus grande qu'il ne l'espérait ; le chapitre de Notre-Dame de Reims prit également part
à ces libéralités. Bernard chargea Humbert, premier
abbé d'Igny, de présider à l'installation de la nouvelle abbaye, et ce dernier amena à Signy, au mois
d'avril 1134, douze de ses moines sous la conduite
de Bernard, ancien chanoine régulier de Saint-
Aubert de Cambrai. Les débuts furent pénibles
parce que l'argent manquait pour les constructions :
Thibaut de Champagne tira les moines d'embarras
et dès lors l'abbaye prospéra rapidement, surtout à
dater du moment où Guillaume, abbé de Saint-
Thierry, vint s'y retirer ; d'autres personnages religieux considérables suivirent cet exemple et ne
contribuèrent pas peu à élever singulièrement le

niveau intellectuel à Signy en même temps qu'ils y donnaient d'admirables exemples de piété. Dès 1151, Signy était assez important pour pouvoir envoyer une colonie fonder à Serifontaine l'abbaye de Bonne-Fontaine, grâce aux libéralités du seigneur de Rumigny, une autre, en 1201, s'installa au Val-Saint-Laurent, près de Liége.

L'histoire de l'abbaye renferme peu de faits intéressants; le treizième siècle fut seulement signalé par de cruels démêlés avec le comte de Porcien : ayant voulu chasser sur les terres données par son père à l'abbaye et ayant trouvé une insurmontable résistance auprès de l'abbé, il recourut aux armes et une véritable bataille eut lieu dans laquelle plusieurs frères convers et vassaux du monastère furent tués : une croix, dite des convers, indiquait encore au siècle dernier l'emplacement de ce combat, à la suite duquel l'abbé Gilles dut abdiquer. C'est au XIIIe siècle également que fut construite la magnifique église dont il ne reste plus rien aujourd'hui, non plus que des autres bâtiments de l'abbaye.

Le cartulaire que nous reproduisons *in-extenso* d'après l'original conservé à la Bibliothèque nationale, fonds français, 3344, a été rédigé en abrégé au XVIIIe siècle, d'après, y est-il indiqué, « le cartulaire de Signy et l'inventaire de 1692. » Il dut être composé au moment où le secrétaire d'État Bertin conçut le projet de faire rechercher dans toutes les provinces les documents intéressant l'histoire, en vue de former le dépôt des chartes. En 1762, la savante congrégation de Saint-Maur offrit son concours qui fut naturellement accepté avec empressement, et on choisit immédiatement un certain nombre de religieux qui furent dépêchés à travers les diverses provinces de France où, trop souvent, disons-le en passant, ils furent fort mal reçus.

En tête de ce cartulaire est une note très-curieuse sur la fondation de Signy et que nous avons reproduite en entier. Il y a cent cinquante-cinq chartes analysées.

Le grand cartulaire original d'après lequel est rédigé l'extrait que nous reproduisons est conservé actuellement dans les archives départementales des Ardennes.

CARTULAIRE

DE

L'Abbaye royale de Notre-Dame de Signy

(O. DE CITEAUX)

« Ancienne relation qui a pour titre *de Fundatione monasterii Signiacensis* par lequel il paraît que :

« S. Bernard s'étant rendu dans le territoire de Château-Porcien, avait promis aux seigneurs de ce pais, savoir à Anselme, comte de Ribemont, Henri, comte de Château-Porcien, et Clerembaud, sr de Rosoy, Raoul, sr du Thour, que Dieu leur donneroit autant d'espace dans le ciel qu'ils donneroient de leur terre pour bâtir une abbaye ; que ces srs engagés par cette promesse avaient donné beaucoup de terres pour la fondation de l'abbaye, et que le 14 février, Humbert, abbé d'Igny, avoit choisi, par ordre de S. Bernard, douze de ses religieux et les avoit conduit à *Signy,* leur donnant pour abbé Bernard, autrefois chanoine de S. Aubert de Cambray et qui s'étoit fait religieux de *Clairvaux;* que ces douze religieux et leur abbé demeurèrent à Dreze jusqu'à la construction de leur abbaye au lieu de Signy, qu'ils firent élever les bâtiments avec beaucoup de dépense quoiqu'ils manquassent d'argent lorsqu'ils les commencèrent; que Thibaut, comte de Champagne, en fit faire la dépense; que les religieux demeurèrent quelque temps dans une assez grande pauvreté, mais que par la divine Providence ils acquirent en bref de grands biens.

« Note : Il faut observer que cette relation assure que les religieux arrivèrent à *Signy* et que cette abbaye fut fondée le 13 des calendes de février. La même relation, rapportée par Marlot et par Ste Marthe, fixe cette fondation deux jours plus tard, c'est-à-dire au 15 des mêmes calendes, et les quatre vers latins copiés dans le manuscrit original d'où je tire cette relation fixent cette fondation au 8 des calendes d'avril, c'est-à-dire au 25 mars et par conséquent un mois et quelques jours après la relation que j'ai rapportée. Voici ces vers :

> Centum mille datis
> Trigintaque quatuor annis
> Signiacum fundas
> Aprilis in octo calendis. »

Apie *ou* Eppe (1)

I. — Herbert li Crous, chevalier du Tour, et Mathilde, sa femme, engagent à l'abbaye pour 60 liv.

(1) Eppe, Aisne, canton de Coucy.

par. la moitié de leur part dans les dîmes grosses et menues de la paroisse d'Apie, qui sont de 4 gerbes sur 9 ; promettant en outre de payer une somme de 20 liv. par. en cas de trouble de jouissance de leur part (Jean de Busençais, chanoine de Meaux, official de Laon). 1226.

II. — Le même confirme cet acte en engageant de même l'autre moitié de sa part des dîmes pour la somme de 40 liv. par., sous la même pénalité (L'official de Reims). 1229.

III. — Robert, seigneur d'Apie, près de Laon, et Helwide, sa femme, donnent à l'abbaye 5 sols, monnaie de Laon, à prendre chaque année à Noël, après la mort de ladite, sur les vinages d'Apie, pour être employés à la pitance des moines le jour de l'obit de Helwide. 1230.

IV. — Le même confirme l'engagement contenu dans les actes I et II, comme chose mouvant de son fief, et renonçant à tout droit à cet égard à la charge de l'abbaye. 1229.

V. — Confirmation des actes n° I et II par Anselme, évêque de Laon. 1232.

VI. — Hugues, dit Pinjons, chanoine de Soissons, cède à l'abbaye une gerbe sur 9 dans sa part des grosses et menues dîmes d'Apie, et reconnaît que son neveu Aubert du Tour aurait cédé même part pour la somme de 100 liv. par.; que Raoul, frère d'Aubert, avait agi de même, s'engageant à apporter dans le mois le consentement d'Agnès, femme d'Aubert, et de Arnoul, leur fils (Anselme, évêque de Laon). 1235, février.

VII. — Roland d'Apie, chevalier, approuve l'acte ci-dessus comme seigneur suzerain. 1237.

VIII. — Waucher de Cerlone et Guillaume, sa femme, approuvent l'acte VI, après contestation (L'official de Reims). Avril 1242.

IX. — Accord entre l'abbaye et Jean de Juvigny et Élisabeth, sa femme, au sujet des dîmes d'Apie, sur lesquelles ceux-ci prétendaient avoir des droits. Août 1243.

X. — Accord analogue entre l'abbaye et Richard dit le Portevin et Helwide, sa femme. Septembre 1253.

XI. — Sentence de l'official de Reims déboutant au profit de l'abbaye Alix d'Encombre, veuve de Maunouri (?), chevalier, et ses enfants de leurs prétentions sur la dîme d'Apie. Décembre 1253.

XII. — Compromis au même sujet entre l'abbaye et le fils dudit Maunouri. 1253.

XIII. — Alix, dame d'Escombre (sic), Perrot de Maulnouri, Jacquemin, Vautier et Jean, ses fils, se soumettent à la sentence ci-dessus n° XI, par devant leur oncle, Pierre, seigneur de Lounis. Février 1254.

XIV. — Gilet de Sureio (ou Surcio) cède à l'abbaye tout ce qu'il prétendait sur les dîmes (L'official de Reims). 1253.

XV. — Lettre du comte de Los sur lesdites dîmes. 1253.

Angicourt (1)

XVI. — Simon de Montchablon et Brune, sa femme, donnent à l'abbaye un cens annuel de 25 sols, monnaie de Laon, sur leur maison sise à Angicourt, sur le chemin de Rougemont, pour posséder après leur mort ; par moitié, si l'un survit. Juin 1221.

(1) Oise, canton de Liancourt.

Bruyères (1)

xvii. — Martin de Bruière et Béatrix, sa femme, donnent à l'abbaye une rente de 30ˢ, monnaie de Laon, sur deux maisons à Bruières, remettant pendant leur existence seulement 12 d. par an à titre de reconnaissance : l'abbaye devant jouir de 20ˢ après la mort de Béatrix et de 10 autres sols ensuite (P., chanoine, et J., prêtre de Saint-Vincent de Laon). Avril 1212.

xviii. — Même acte passé devant Herbert, de Senlis, official de Laon, stipulant en outre que Jean de Bruières, dit l'Archevêque, ajoute 30ˢ de rente, même monnaie, sur deux vignes, lieux dits Gambelet et Vallée Guillebert. Novembre 1215.

xix. — Jugement de Guibert d'Amiens et Prior, official de Reims, déboutant Gui et Jean, frères, chevaliers, de leur prétention au droit de rouage à Bruière contre l'abbaye. Décembre 1217.

xx. — Jugement de G., official de Reims, condamnant Renier de Bruières à rendre à l'abbaye, avant la fête des Rois, 7 de 14 gerbes de blé perçues par lui ès dîmes de Bruière, cette moitié appartenant à l'abbaye. Déc. 1218.

xxi. — Béatrix, veuve de Martin de Bruière, donne à l'abbaye 19ˢ de cens annuel sur une maison au Champ-Guillaume, et 10ˢ sur la maison de Gérard d'Atrie, plus ses droits sur sa maison de Bruières. Février 1221 (v. s.). (Anselme, évêque de Laon.)

xxii. — Clérembaud de Bruière, Videlle, sa femme, Henri de Bruière, Emmeline, sa femme, et

(1) Aisne, canton de Fère.

Remi de Bruière, reconnaissent avoir donné leurs droits sur deux maisons au Champ-Guillaume vers la léproserie de Bruière (Enguerrand, doyen de Vorges). Mars 1225.

XXIII. — Joseph et Bernard, Ermengarde, leur sœur, reconnaissent que leur père Alard Espagniels de Bruière, a légué 10 liv., monnaie de Laon, payables en dix ans, sur deux vignes entre Bruières et *Villa Ardun,* plus, après parfait paiement une rente perpétuelle de 5ˢ, même monnaie, à la Saint-Remy, sur les mêmes vignes, — s'étant mis de deux ans en retard (Simon, doyen de Fetieux). 1225.

XXIV. — Henri de Bruière, Emeline, sa femme, donnent 30ˢ, monnaie de Laon, de rente sur la maison de Thierri Vealebon de Bruière, pour après eux, par moitié, et en attendant seulement 22 d. réductible de même (Enguerrand, doyen de Vorges). Novembre 1228.

XXV. — Vautier, seigʳ de Bruière, donne un cens annuel de 4 liv. 5ˢ sur une maison à Bruière (Simon, doyen de Fetieux). Août 1224.

XXVI. — Dame More de Bruière donne un cens annuel de 10ˢ laonnois à prendre sur une vigne à Sancelle, sur divers courtils audit lieu et sur le moulin de Flamand (Simon, doyen de Fétieux). Juin 1237.

XXVII. — Isabelle dite Reine de Bruière, veuve d'Odard Reimore, donne le sixième de sa part dans une maison audit lieu (Official de Laon). Janvier 1240.

XXVIII. — Guillaume de Bruière, sʳ de R...., donne un cens annuel de 4 liv. 5ˢ, monnaie de Laon, plus 6 liv. de cens annuel à lui dû par l'abbaye de Vauclair (Le doyen de Fétieux). 1224.

xxix. — Béatrix de Bruières donne une maison audit lieu, rue du Marais, près la porte de Laon (Le doyen de Vorges). 1235.

xxx. — Oudiarde de Cheret donne 20ˢ laonnois sur une vigne à Vauberie (Le doyen de Fétieux). 1237.

Festieux (1)

xxxi. — Amortissement accordé à l'abbaye pour ses acquêts dans la justice de l'abbaye de Saint-Vincent de Laon à Festieux (Hugues, abbé de Saint-Vincent.) 1182.

xxxii. — Nicolas de Craonelle cède à l'abbaye le droit de disposer du biens à elle, sis à Festieux, ne se réservant que le cens et le vinage. — Mathieu de Bruière remet un cens de 2 den. et obole à lui dus par l'abbaye ; assigne sur diverses vignes y énoncées l'acquittement de 3 muids et 5 setiers de vin donnés par son père. En échange l'abbaye retrocède audit Mathieu un cens de 2ˢ laonnois qu'il devait à icelle pour un jardin (Roger, évèque de Laon). Décembre 1190, avant Noël.

xxxiii. — Guy d'Escordail déclare que son oncle Guy d'Epagnei, *paganus*, en se croisant, a cédé tout ce que l'abbaye avait acquis dans son fief à Festieux, sauf le vinage ; plus il donne la dîme de ses vignes audit lieu. 22 juillet 1200. (Roger, évèque de Laon.)

xxxiv. — Guillaume de Craonelle, chevalier, cède tous ses droits sur la terre sise à Valescort, donnée par Guillaume de Plantecome de Festieux,

(1) Aisne, canton de Laon.

sauf les redevances dues audit G. de Craonelle (Garnier, official de Laon). Mai 1220.

xxxv. — Viard de Bièvre, demeurant à Festieux, vend 12 setiers de vin à lui dus chaque année sur une vigne de l'abbaye audit lieu, à Valescort (Garnier, official de Laon.) Novembre 1220.

xxxvi. — Echange de deux vignes entre l'abbaye et Thomas Petit de Reims, chanoine de Laon, audit lieu. 2 janvier 1224 (v. s.).

xxxvii. — Approbation dudit acte par Jean, abbé de S. Vincent de Laon, comme seigneur de Festieux. Même date.

xxxviii. — Nicolas, abbé de Signy, déclare que Pierre, clerc de Duville, s'étant retiré à Signy, avait acquis de ce monastère, pour 40 liv. remoises, la vigne de Valescort à condition que le vin en provenant serait consommé aux deux réfectoires et aux deux infirmeries exclusivement, à dater du commencement du carême, sauf une part qui serait vendue pour payer les frais de la culture de ladite vigne. 1210.

xxxix. — Même acte enregistré par le Doyen de Laon, sous la réserve que cette confirmation ne donnerait à l'abbaye aucun droit d'acquérir à nouveau à Festieux. Avril 1225.

xl. — Leudart de Festieux et Asceline, sa femme, reçoivent de l'abbaye deux pièces de bois, sises au Tremblot, pour être défrichées et mises en vignes, sous une rente annuelle de 19 setiers de vin, mesure de Festieux, rendus au maître de la cour dite la Malmaison, et avec hypothèque sur leurs bois audit lieu (Jean de Busançais, chan. de Meaux, official de Laon.) Mai 1229.

XLI. — Sentence de l'officialité de Reims adjugeant à l'abbaye la jouissance de la maison à elle léguée par Etienne, curé de Festieux, et d'autres biens divers au même lieu, plus un cens sur le vin foulé au pressoir de S. Martin de Laon. 1191.

XLII. — Vidimus dudit acte de donation, par le doyen de Festieux. 1224.

XLIII. — Viard d'Apie et Marie de Martages, sa femme, donnent un pré, au lieudit la Croix, entre Festieux et Veelu, sur la grande vigne de l'abbaye (Official de Reims.) 1242.

XLIV. — Accord entre le doyen de Laon et l'abbaye pour les droits appartenant à celle-ci à Festieux pour l'usage de la Male Maison. 1232.

Lavergny (1)

XLV. — Vautier, abbé de S. Vincent de Laon, et son chapitre, cèdent à l'abbaye tout ce qu'ils avaient à Lavergny sous 10ˢ de cens annuel à la S. Remy (Gautier, évêque de Laon). 1159 ou 1160.

XLVI. — Gautier de Weelu fait un pareil don sous un cens de 40ˢ de rente, monnaie de Châlons, dans l'octave de Pâques, réduit à moitié après sa mort. — Raoul de Regny et Ide, sa femme, donnent le tiers de leur dîme sur les biens susdits, 10ˢ de rente et leurs prés, terres et bois de Lavergny sous un cens annuel de 30ˢ provinois, payable dans l'octave de Pâques, réduit de moitié après Ide, et à charge de prières. Hugues de Pierrepont notifie ces dons et les approuve de concert avec sa femme. 1158 ou 1159.

(1) Aisne, commune de Parfondru.

XLVII. — Le chapitre de Laon donne l'église de Lavergny, appartenant à leur Aumône, à charge d'une rente à l'Aumonerie de 3 muids de grains, mesure de Laon, (seigle, avoine, froment), — celui de froment à 2ˢ le boisseau, du meilleur vendu au marché ; en échange du droit de visite, d'une rente à l'Hospitalier, de 12 d. bonne monnaie ou 18 d. laonnois, se réservant la dîme du vin dans la Parfonderue, sauf aux novales des moines, et un cens de 5 d, et 1 nummus sur un pré. 1166.

XLVIII. — Guérin, abbé de S. Martin de Laon, cède ce que le monastère avait à Lavergny, sauf deux prés. 1166.

XLIX. — Roger, évêque de Laon, renonce à toutes les prétentions de Gautier, son prédécesseur, sur le presbytère de Lavergny. Octobre 1178.

L. — Le chapitre de Laon s'engage à livrer chaque année à l'abbaye, dans la cour du chapitre, 9 muids de vin et renonce à toute dîme sur les biens des moines à Lavergny en échange de la renonciation de ceux-ci à la dîme du vin (Gérard, abbé de Signy). 1176.

LI. — Roger, évêque de Laon, déclare que l'abbaye avait acquis un cens de 4 muids de blé faisant partie de 6 que Guillaume de l'abbaye s'était réservé en donnant au monastère la moitié de Lavergny, acquisition approuvée par la femme de Guillaume, leurs filles et leurs maris, Renier de Rahier et Henri de Marchais ; lesdits 2 muids payables à Renier, sans qu'il put les vendre et engager à autre personne que l'abbaye pourvu qu'elle offrit le prix courant. — Approuvé par Gobert de la Ferté, seigneur. 1180.

LII. — Robert, sr de Pierrepont, du consentement de Clémence, mère de sa femme, et de ses enfants, et de Gautier, son frère, amortit tous les biens de l'abbaye sis à Lavergny. 1191.

LIII. — Oilard, abbé de S. Martin de Laon, n'étant pas payé de la rente de 40s laonnais due par Achard de Cheret et Adam des Marais, pour deux prés sis à Lavergny et deux bois à Oriel, cédés par lui auxdits, il s'est fait adjuger en garantie du paiement une vigne. 1204.

LIV. — Raoul Cheret vend un pré à Lavergny, du consentement de sa femme et de Hugues Chéret *(sic)*, son frère. Novembre 1215. (Hubert de Senlis, official de Laon).

LV. — Gautier, abbé de S. Martin, ratifie la vente faite d'un pré à Lavergny par Raoul, fils d'Achard de Bruière, sous un cens de 26e annuel, monnaie de Laon. 1216.

LVI. — Raoul de Vorges reconnaît que le pré acheté à Clarin, fils de dame Alix de Cheret, sis à Lavergny, doit cens à l'abbaye (Jean, chapelain, official de Laon.) 27 octobre 1217.

LVII. — L'abbé de Signy obtient jugement de Prior, chanoine et official de Reims, contre divers clercs de Bruière ayant chassé sans droit et fait autres désordres dans les bois de Lavergny, appartenant à l'abbaye. Juillet 1219.

LVIII. — Acte devant le même de Mre Enguerrand et Erard, curé de Marchais, procureurs desdits clercs, reconnaissant au nom de ceux-ci qu'ils avaient agi sans droit. Année 1219.

LIX. — Acte par lequel Bernard, recteur des écoles de Bruières, et Renier le Roux déclarent n'avoir nul droit de chasse auxdits bois, et que s'ils en avaient, ils les cédaient à l'abbaye (Garnier, official de Laon). Nov. 1219.

LX. — Même déclaration devant l'official de Reims des bourgeois de Bruière. 1219.

LXI. — Albéric de Lotel, chevalier, vend à l'abbaye pour 150 liv. laonnaises une rente de 2 muids de froment sur la grange de Lavergny, du consentement de sa femme Comitisse, dont c'était un bien dotal (Anselme, évêque de Laon). Juin 1221.

LXII. — J. Le Bergier donne une rente d'un muid de vin blanc (Doyen de Festieux). 1225.

LXIII. — Herbert Croc du Tour, chevalier, sr de Montcel le Vaast (?) a vendu une rente de 20s par. sur la grange de Lavergny pour le prix de 23 liv. par. (Jean du Temple, official de Laon.)

LXIV. — L'abbé de Thenailles cède à l'abbaye de Signy la terre sise à *Coriletum* et le petit pré de Lavergny vers le Parfonderu et autres immeubles audit lieu, et reçoit en échange remise de la rente de 30 septiers de vin blanc due par ladite abbaye à celle de Signy sur la terre de Bruière comme droit de vinage, plus 100s par. 24 mars et 13 avril 1232.

LXV. — Nicolas de Craonelle, chevalier, vend une rente de 10e par. sur la grange de Lavergny. (Thibaut de Baye, chanoine et official de Laon.) Juin 1248.

LXVI. — Hugues, sieur de Pierrepont, donne ses biens de Lavergny. 1158 ou 1159. (Probablement même acte que plus haut).

LXVII. — Gautier, sr de Veelu, donne la seigneurie de Lavergny sous un trécens de 60s provinois, payable à Pâques, avec permission d'acquérir librement dans son fief. — Guillaume et Elisabeth, sa femme, donnent l'autre moitié de ladite seigneurie sous un cens annuel de 6 muids de froment; plus le presbytère dudit lieu sous un cens de 30ˢ provinois. — Gautier, abbé de S. Vincent de Laon, cède ce que son monastère possédait audit lieu sous un cens annuel de 10ˢ forte monnaie (Gautier, évêque de Laon). 1158.

LXVIII. — Jean, sʳ de Hardoye, reconnaît après examen des titres les possessions de l'abbaye en sa seigneurie. 1325.

LXIX. — Raoul de Montchablon, chevalier, reconnaît n'avoir aucun droit de chasse dans le bois de Lavergny (Baillage de Vermandois). 1338.

LXX. — Lettres royaux ordonnant au bailli de Vermandois de faire relever les fourches patibulaires de l'abbaye à Louvergny. 2 août 1502.

LXXI. — Nicolas de Craonelle vend un cens annuel de 10ˢ sur la maison de l'abbaye à Lavergny (la Tuillerie) et remet tout ce qu'il pouvait avoir de droit en ce lieu (Devant l'évêque de Laon). 1246.

Parfonderu (1)

LXXII. — Raoul, sʳ de Lannoy, et sa femme, donnent diverses vignes sises dans le fief de Clarembaud de Montchablon, sauf le cens et le vinage précédemment cédés à ladite abbaye (Roger, évêque de Laon). 1200.

LXXIII. — Cession du droit de dîme sur ces vignes par ledit Cierembaud. 1202.

LXXIV. — Raoul, sʳ de Launoy, cède 32 *tume-*

(1) Parfondru, Aisne, canton de Laon.

reaux (tombereaux ?) de vin *Tumerelles* à lui dus par l'abbaye (Roger, év. de Laon). 1204.

LXXV. — Même acte certifié par B., chanoine, et Herbert de Senlis, officiaux de Laon. 1214, février.

LXXVI. — Confirmation par Laurent, s^r de Parfonderu, et Agnès, sa femme, et cession de tous droits sur le vin récolté dans lesdites vignes. 1338.

Veelu (1)

LXXVII. — Jean de Curtreo donne sa part des dîmes, consentant sa femme, ses enfants, et Enguerrand de Marchais, suzerain, et Clerembaud de Chivré, frère d'Enguerrand (Roger, év. de Laon). Juin 1190.

LXXVIII. — Henri, par la grâce de Dieu, archidiacre de Liége et prévôt de Malines, renonce à tous les droits qu'il pourrait avoir à l'égard de ladite donation. 1217.

LXXIX. — Renaud d'Arency et Gertrude, sa femme, donnent une rente de 2 muids de vin blanc sur le champ d'Etreelles à Veelu ; leur grange dudit lieu après eux, faisant en attendant une rente de 12 d. (Simon, doyen de Festieux). Juin 1225.

LXXX. — Robert, forgeron à Veelu, et Herberge, sa femme, donnent tous leurs biens présents et futurs après eux, avec cens de 5 d. laonnais en attendant (Le même). Juin 1225.

LXXXI. — Hugues, dit Bérengiers de Veelu, donne une rente d'un muid de vin blanc, mesure de Bruières, sur la vigne Norvail (Le même). Sept. 1225.

(1) Veslud, Aisne, canton de Laon.

LXXXII. — Maisende, veuve de Robert de Pressoir *(sic)*, de Veelu, et ses enfants, reconnaissent que ledit Robert a légué 3 muids de vin blanc de rente aux vendanges sur ses biens, seulement ladite Maisende désigne les vignes devant être assignées pour cette libéralité. (Le même). 1225.

LXXXIII. — Renaud d'Arency et Gertrude, sa femme, ayant donné une rente de 2 muids de vin blanc à Veelu et leur maison pour le tout être tenu en franc-alleu, leur grange sise à la Parfonde rue, pour après leur mort sous un cens de 12 d. en attendant, déclarent depuis la donation avoir démoli la grange pour en rebâtir une meilleure (Enjorand, doyen de Vorges). Juin 1231.

LXXXIV. — Pasquêtte, veuve de Huard Chere de Veelu, donne un demi-muid de vin blanc de cens annuel sur sa vigne d'Ambrière (Le même). Fév. 1232.

Le même acte constate que : 1° Baudoin le Grand de Veelu a fait pareille donation sur la vigne d'Huard le Jeune ;

2° Que Raoul, fils d'Agnès de Veelu, a fait même don sur son champ *ad mortuos* ;

3° Qu'Agnès, mère dudit Raoul, a fait même don sur sa vigne de Noirval.

4° Qu'Alix, veuve de Leudard Boivin, a fait de même sur sa vigne du Clos.

LXXXV. — Robert de Grandlieu, Baudet et Gosset, ses frères et autres renoncent devant l'official de Laon à leurs réclamations comme héritiers de feue Gertrude, veuve de Renaud d'Arency, au sujet des donations de ceux-ci. 1246.

LXXXVI. — Gautier, sr de Veelu, confirme après

enquête les biens de l'abbaye à Veelu et en dresse
la nomenclature. 1267.

Signy.

LXXXVII. — Godefroid de Ribemont et Amant,
son fils, donnent leur petite terre de Signy, dans le
comté de Porcien, aux religieux d'Igny pour y
établir une abbaye ; — le chapitre de Reims donne
les prés et le moulin ; — ledit Godefroy, son fils,
Henri, comte de Grandpré, Clarembaud de Rosoy,
Elisabeth, sa femme, donnent dans le même but
leurs biens de Signy, S. Pierre-sur-Veel, Dresse,
Liberé, Maimbis, Harleville, la pêche partout, libre
passage à travers leurs terres pour les personnes et
les denrées, pacage, etc. — Hugues, comte de Neufchâtel, cède exemption de vinage et autres droits.
Ce qu'approuve le roi Louis. (Samson, archevêque
de Reims). 1141.

LXXXVIII. — Vidimus de ladite charte par le bailli
de Vermandois, à Laon. Avril 1166.

LXXXIX. — Geoffroy, comte de Château-Porcien,
étant au chapitre de Reims, y renonce à toutes ses
réclamations contre les donations de son père et
accorde congé d'acquérir librement dans ses domaines. 1170.

DC. — Henri, comte de Champagne, et Guillaume, cardinal de Champagne, archevêque de
Reims, constatent les renonciations à toute réclamation par ledit Geoffroy et par Renaud de Rozoy,
leur congé d'acquérir librement, leur abandon des
droits de chasse et de pêche, sans se réserver quoi
que ce soit et reconnaissant même aux moines le

droit de choisir tel avoué qu'il leur plairait. Ledit Henri confirme tout ceci et amortit toutes les acquisitions de l'abbaye en Porcien et à Rozoy. 1188.

DCI. — Gui de Ceri, vassal de Guillaume, archevêque de Reims, renonce en sa présence à toute prétention à l'égard des propriétés de Signy; promet de donner le bois dit la Haye de Chaumont s'il peut l'obtenir de Nicolas de Rumigny, et cède pour 50 livres rémoises la moitié du bois attenant aux Bassières. 1190.

DCII. — Guy de Charmisy, chevalier, renonce, devant Roger, évêque de Laon, à sa prétention sur la vigne donnée par Simon de Neuville; consentant Alix, sa femme, Jean, Rose, leurs enfants. 1191.

DCIII. — Raoul d'Ecry certifie qu'Alard de Heudelicourt renonce à sa réclamation sur l'échéance de ses deux tantes. Mars 1197.

DCIV. — Sentence de Jocelin, doyen, et de deux autres arbitres déboutant plusieurs particuliers d'Avençon qui prétendaient que l'abbaye devait à perpétuité pour eux et leurs héritiers quand ils passeraient par sa grange leur donner 10 d. et à manger, et nourrir et entretenir dans leur pauvreté, leur donner un secours chaque année et les inhumer (Chapitre de Reims). 1199.

DCV. — Nicolas, sr de Rumigny, donne à l'abbaye le droit de paturage dans ses terres et aux religieux refuge en cas de guerre, à condition de renoncer à toute réclamation pour les pertes qu'il leur a fait subir. Février 1202.

DCVI. — Accord entre l'abbaye et les héritiers de Gautier de Meson et de Marguerite, sa femme, lesquels renoncent à leurs réclamations, moyennant

une somme de 30ˢ (Baudoin, prévôt, Philippe, vi-
dame, Guy, official de Reims). Août 1202.

DCVII. — Clerembaud d'Aubigny renonce pour
après sa mort et celle de sa femme à 2 des 12 setiers
de froment, mesure d'Aubigny, dus chaque année
par l'abbaye (Chapitre de Reims). 1204.

DCVIII. — Sentence condamnant l'abbaye à payer
15 livres pour un dépôt fait par Herbert, somme à
remettre à Nicolas du Vivier, Gisle, sa femme, et
Mathieu, fille d'icelle et dudit Herbert, son premier
mari (Guillaume, archevêque de Reims). Novembre
1205.

DCIX. — Elisabeth de Rosoi, dame de Château-
Porcien, ratifie les dons faits par ses ancêtres, tels
qu'ils sont énoncés dans la charte de Renaud, archevêque de Reims, cédant le droit de *silvagio*
dans les bois de Signy. 1207.

C. — La même confirme les dons de ses ancêtres Clerembaud et Elisabeth, ses grand'père et
mère. Elle délimite ensuite les bornes du territoire
de Signy qui sont entre Signy et S. Pierre, du côté
qui vient de *Grimbert de Staplo*, le ruisseau du
Vaignon jusqu'au ruisseau de Barenton et de là
en remontant à la source de ce dernier en ligne
aussi droite que possible par le ruisseau de Me-
monceul, jusqu'au Sarigaud et de là tout le long
du ruisseau d'Evignival jusque dans le Veel. Avril
1207.

CI. — Henri de la Porte-Mars, chanoine, et Jean
de Laon, officiaux de Reims, déclarent que Roger
Barbe de Ware et Helissande, sa femme, renoncent
moyennant 110ˢ rémois à leur procès pour se faire
rendre par les moines une cuirasse avec ses cour-

roies, le prix d'une mule et une indemnité de 10ˢ pour un roncin. Avril 1211.

CII. — Raoul, sʳ de Château-Porcien, et Agnès, sa femme, confirment le don précédent de Henri, comte de Grandpré et sʳ de Château-Porcien, son bisayeul, comme le droit d'acquet dans ledit comté. Raoul confirme en outre le don fait par son ayeul paternel Geoffroy du lieu dit Refegnies. Mai 1211.

CIII. — Raoul de Château-Porcien déclare que Geoffroy, son frère, a renoncé à toutes ses prétentions sur les propriétés de l'abbaye, donnant en outre une rente d'un muid de blé, mesure de Château-Porcien, sur le moulin de Grandchamp, approuvant la donation de ses ancêtres et le bornage ci-dessus. Mai 1211.

CIV. — Le même déclare, du consentement d'Agnès, sa femme, et de son frère Geoffroy, donner le droit de faire pêcher en bateau par 2 hommes avec tout engin quelconque dans la partie de l'Aisne lui appartenant et dans les autres cours d'eau de ses domaines avec la permission de faire un réservoir et une maison pour les pêcheurs. 1211.

CV. — Roger de Rozoy décharge l'abbaye pour après la mort de sa femme Alix de la rente de 34 septiers à lui dûs. 1212.

CVI. — Sentence d'arbitrage de Guy Pied-de-Loup, chanoine de Reims, déboutant, après enquête et déposition de 5 moines de Signy, choisis par Roger Barbe de Ware et Alix sa femme, ces derniers de leurs prétentions. 1213.

CVII. — Raoul de Rouvroy vend un muid et un quartel de blé de rente à lui dûs par l'abbaye (Albert, archid. de Reims). Août 1214.

cviii. — Accord entre l'abbaye et le sieur de Rosoy pour la délimitation de leurs terres (Archevêque de Reims). 1214.

cix. — Raoul, sʳ de Château-Porcien, et Roger, sʳ de Rosoy, s'accordent pour borner leurs terres touchant à celles de l'abbaye. Sept. 1214.

cx. — L'abbé d'Igny déclare que les moines de Mortiers (?) n'ont aucune aisance dans les terres de Signy sises entre Thin et *Christa Asiæ*, ni droit de faire pâturer. 1213.

cxi. — L'abbé de Laval-Roi déclare la même prohibition. 1213.

cxii. — Roger, sʳ de Rosoy, et Nicolas, sʳ de Rumigny, et autres seigneurs intéressés, renoncent à toute prétention sur le pré d'Olone. Oct. 1215.

cxiii. — Raoul, sʳ de Château-Porcien, déclare que Guiscard, son frère, chanoine de Reims, avait reçu de l'abbaye 10 livres pour mettre fin à divers procès et promet de rendre aux premiers foins une charretée de foin prêtée par les moines audit Guiscard. 1217.

cxiv. — Le même donne *sex modiatas nemoris*, mesure de Château-Portien, sises entre Signy et Grandchamp, dont la coupe appartenait pour 8 ans encore aux moines de Vauclair. 1218.

cxv. — Les abbés de Signy et de S. Jean de Laon s'engagent à se soumettre au jugement du délégué du pape pour leur différent au sujet de l'échéance de Robert Fabric. 1219.

cxvi. — Accord d'abornement entre Roger de Rosoy et l'abbaye. 1220.

cxvii. — Elisabeth de Rosoy, dame de Château-Portien confirme les dons de ses ancêtres et ajoute une somme de 10ˢ rémois sur sa maison de Grand-champ. 1220.

CXVIII. — La même, fille de Renaud de Rosoy, fils d'Enguerrand des Boves, déclare qu'en répara-tion des torts considérables faits par celui-ci à l'ab-baye et estimés 200 livres, d'après évaluation faite à la cour du roi, et dont il n'avait rendu qu'une faible part, considérant que son mariage avait été la cause de ces torts et voulant qu'elle et sa fille participassant aux prières des moines, elle remet le reste de ce qui était dû. 1206.

CXIX. — Alard d'Hundelicourt renonce à ses prétentions au sujet de la succession de ses deux tantes. 1222. (Bonard, official de Reims.)

CXX. — Nicolas, fils d'Isembard d'Aubigny, ap-prouve le don fait par son beau-frère Gillebert et Berthe, sa femme, d'une rente de 3 septiers de blé, mesure d'Aubigny (Le même). Mars 1223.

CXXI. — Thierry et Christophe, sa femme, dite Burga de Remencourt, se donnent eux et leurs biens sis *in valle Hugonis* (Simon, doyen d'Ecly). Nov. 1225.

CXXII. — Oger, dit Estoquieux de la Lobbe, donne un pré sis à Signy sur le Veel, qu'il tenait à cens de la même abbaye (Simon Pied de loup, official de Reims). Août 1226.

CXXIII. — L'abbé de Citeaux à la demande des abbés d'Igny et de Signy, associe l'âme de Gobert de Montchablon aux prières de l'ordre et confirme de précédentes associations analogues. 1227.

CXXIV. — Payen de Mont-Saint-Remy, chevalier, et Béatrix, sa femme, donnent une rente de 10ˢ ré-mois, et vendent même rente pour 20 livres rémoises (Simon Pied de loup, official de Reims). Octobre 1227.

cxxv. — Charte du roi plaçant l'abbaye sous sa protection spéciale. 1227.

cxxvi. — Henri, comte de Salm, et Clémence, sa femme, déchargent Roger, sʳ de Chaumont, et Alix, sa femme, de moitié de la dot de Clémence. 1227.

cxxvii. — L'abbé rend au chapitre de Reims 3 muids 1/2 de terre à Aminleu (?) et au chemin d'Aubigny, recevant en échange 10 livres de blancs en réglant leur abornement. Janvier 1230.

cxxviii. — L'abbé de Prémontré associe aux prières de l'ordre les religieux de Signy à charge de parité. 1232

cxxix. — Gobert de Justine donne 12ˢ par. de cens sur un pré sis à Buignipré. 1238.

cxxx. — Nicolas de Rumigny, Elisabeth, sa femme, et leur fils aîné cèdent tous leurs droits sur les biens quelconques de l'abbaye, confirmant les dons de leurs ancêtres et renonçant en outre à leurs prétention sur les dîmes de Mesmont et de Grandchamp. 1241.

cxxxi. — L'archevêque de Reims déboute les exécuteurs testamentaires du curé de Barberi réclamant à l'abbaye ce qu'elle avait reçu de lui. Mai 1245.

cxxxii. — Roger, sʳ de Chaumont et de Rosoy, chevalier, et Alix, sa femme, renoncent à tous droits sur les biens de l'abbaye, ce faisant en récompense des dommages causés par eux et des biens reçus de l'abbaye, évalué à 2,500 livres paris. (Clément de S. Germain, chanoine, et Henri de Deimbert, official de Laon). Juin 1246.

cxxxiii. — Approbation par Alix, dame d'Oudenarde. 1246.

cxxxiv. — Approbation par Guy, sr d'Apremont. 1249.

cxxxv. — Approbation par Geoffroy, sr de Château-Porcien. 1247.

cxxxvi. — Confirmation par le sr de Rosoy de ses renonciations précédentes, avec déclaration qu'il les lui a faites en récompense des dommages causés par lui à l'abbaye. Juin 1246.

cxxxvii. — Roger de Rozoy reconnaît avoir reçu de l'abbaye 1,000 livres par. pour la cession susdite. Juin 1246.

cxxxviii. — Permission de l'abbé pour laisser passer les chariots de bois du sr de Rosoy dans ses bois contigus à ceux de Signy. Juin 1246.

cxxxix. — Les abbés d'Igny et de Signy dressent acte touchant l'érection d'une chapelle dans le jardin proche l'abbaye de Signy à la demande des curés de Chapes et de Wasigny qui donnent pour ce 200 livres par., lesquelles furent employées au rachapt des usages et paturages que les prieur, habitants et communauté de Thin avaient ès bois de Signy. 1246.

cxl. — Raoul de Rosoy et Alix, sa femme, reconnaissent avoir cédé 13 livres 1/2 de rente dues par l'abbaye à eux. 1247.

cxli. — Geoffroy de Château-Porcien et sa femme renoncent aux droits qu'ils prétendaient sur le lieu de l'abbaye, lui cède la directe et le fief, un quart des deniers de la vente de ses bois et confirment les donations de leurs ancêtres. 1247.

CXLII. — Reçu du sᵣ de Chateau-Porcien d'une somme de 1,200 livres par. 1248.

CXLIII. — Le roi déclare que Geoffroy, sᵣ de Château-Porcien, et Roger, sᵣ de Rosoy, n'ont aucun droit au quart denier ci-dessus et ont fait la déclaration susdite. 1248.

CXLIV. — Viard Chaudeaux est débouté par sentence de Fouques d'Epernay, chanoine de Reims, de sa réclamation sur la terre donnée à l'abbaye par son frère. 1230 à 1250.

CXLV. — Sentence arbitrale de l'abbé de Citeaux entre les abbayes de Signy et de Laval-Roy pour droit de chasse et de paturages à Mortiers, Thyn et Domery. 1256.

CXLVI. — Gilles de Rosoy, sᵣ de Château-Porcien, et Isabelle, sa femme, renoncent à leurs prétentions quelconques sur les terres de l'abbaye et confirment les donations de leurs ancêtres. Mai 1257.

CXLVII. — Confirmation desdites par Gobert, sᵣ d'Apremont. Fév. 1269.

CXLVIII. — Confirmation desdites par Guillaume, comte de Salm, et Richarde, sa femme. Juin 1270.

CXLIX. — Gobert d'Apremont et Julienne, sa femme, fille de feu Roger de Rosoy l'aîné, donnent quittance à Roger de Rosoy, frère de Julie..ne, de leurs droits quelconques, sur les alleux de leur père à Dizy, Fraillicourt, Reneville. Vers 1270.

CL. — Sentence des abbés d'Igny et d'Aubepierre déclarant que l'abbaye de Signy n'a aucun droit de suite de chasse sur le bois de Lavalroi, sis à Mortier, ni de paturage, avouerie et droit domanial : en échange elle reçoit de La Val Roy deux pièces de bois. 1278.

cli. — Lettre du roi et de la reine, sa femme, comtesse de Champagne, pour divers biens et censives tenus en main morte par l'abbaye à Rimogne, Rethel, la Lobe, Behegnes, Hardoye, Hauteville, Bruière, Rouvroy et moulin d'icelui. 1292.

clii. — Les mêmes amortissent les biens de l'abbaye non amortis, moyennant 45 livr. 17 s. 2 d. par. Nov. 1292.

cliii. — Thierry, sr de Blanc Boulles, donne sa maison de Huy (Echevins de Huy). 1296.

cliv. — Traité d'abornement entre les abbayes de Signy et Sept-Fond. Vers 1299.

clv. — Le roi et la reine, comtesse de Champagne, amortissent les biens de l'abbaye et la prennent sous leur protection et sauvegarde, avec droit d'acheter et vendre dans les domaines royaux pour l'abbé, les religieux et leurs domestiques. 1304.

clvi. — Lettre du roi confirmant divers actes déjà confirmés par Louis le Hutin, son fils, roi de Navarre et comte de Champagne :

1° Confirmation par Gaucher de Chastillon, comte de Porcien, connétable, de donations des divers seigneurs de Château-Porcien. De plus il établit que l'abbaye paiera le droit de vinage pour les denrées traversant ses terres ; n'aura pêche dans l'Aisne que de la permission du comte ; ne pourra recevoir ses vassaux comme religieux que de sa permission ; qu'elle paiera par arbitrage les dégâts causés par ses bestiaux dans les terres de Porcien et de Rosoy ; qu'elle ne pourra acquérir aucun bien dans les seigneurie et terre de Rosoy, fiefs et arrière-fiefs en dépendant, à moins de s'en défaire dans l'année, excepté proche la maison du Châtel en la Couture, qui appartient à l'abbaye, et les acquisitions qu'elle y fera ne pourront s'étendre à plus d'un journel de terre au-delà de cette maison et de ses dépendances ; elle ne devra subir aucun droit pour ce : il déclare n'avoir aucun droit quelconque sur les biens de l'abbaye en Porcien et à Rosoy et y renonce au besoin. 1309.

2° Don par Geoffroy du Chatel et Renaud de Chaumont de terres à Muisson, Vilaines, Behegnies, Chapes. 1158.

3° Sauvegarde du roi Louis. 1227.

CLVII. — Gaucher de Châtillon déclare que ses gens n'ont pas le droit de chasser dans les bois de l'abbaye ; ordonne qu'elle possédera les biens acquis de l'abbaye de Bonnefontaine en même liberté et franchise que celle-ci ; permet l'achat d'une maison à Château-Porcien. 1311.

CLVIII. — L'abbaye de Mouzon cède tout ce qu'elle avait au-delà de la Vieille-Forest et convient avec Signy qu'elle leur sera commune sans pouvoir la vendre. 1134. (Renaud, archev. de Reims.)

CLIX. — Le chapitre de Reims donne aux religieux d'Igny le bien de Signy et ses dépendances, sis dans la terre de Château-Porcien, tenu en franc aleu, pour y bâtir une abbaye ; — Geoffroy de Ribemont, Anceau, son fils, le comte Henri, Clarembaud de Rozoy et Elisabeth, sa femme, donnent auxdits ce qu'ils avaient à Signy, S.-Pierre-sur-Veel, Liberei, Maimbé, Dresse, Harleville ; — Hugues, comte de Neufchâtel en Thiérache, donne

3

passage franc dans ses terres ; — Alexandre de Dun vend pour 20 livres ce qu'il avait à Signy ; — Gilbert de Chaumont de même pour 25 livres ; — Odard d'Ervis (?) de même pour 40ˢ ; — Gauthier, fils de Gérard, sa mère, Odesine de Thin et ses fils, les fils de Rahier, donnent ce qu'ils possédaient à Signy ; — Hellin d'Aunoy vend pour 20 livres ses biens à Signy, Aunois, S.-Pierre-sur-Veel ; — Raoul Charetté du Bois Hardouin donne ce qu'il avait à Liberei, l'autel de S. Pierre, la maison en dépendant, ce qu'il a à Roheval ; — les chanoines de Chaumont, les dîmes de S. Pierre et S. Médard ; — Simon du Tour et son fils vendent 4 livres ce qu'ils ont à Liberei ; — Sicard d'Aumont et ses frères donnent leur alleu ; — l'abbé de S. Nicaise donne Olonpré ; — Hilairé de Bertincourt et autres donnent leur alleu de S. Pierre ; — Gilbert du Château et Renaud, son frère, leurs biens de Baudris ; — Gilbert de Flavemont et autres leurs terres au Camet ; — Pierre de Leschières, sa terre de Liberei sous un cens d'un muid de blé, mes. d'Aubigny ; — Raoul du Thour, ce qu'il y avait ; — Eudes d'Herviseis, Renaud de Wari, Hug. Valechire de Tassi, son fils, leurs biens de Dreze ; — les religieux de Couci qui possédaient la paroisse d'Ervisis où est l'autel de Dreze, donnent la dîme de ce que les moines de Signy cultiveraient et des bestiaux à Dreze ; — Roger Salmon donne le presbytère d'Evisez (Renaud, archev. de Reims). 1135 (1).

(1) Nous ferons remarquer que pour plus d'un nom de lieu l'orthographe laisse évidemment à désirer, mais la faute, si faute il y a, en revient au copiste de l'analyse du Cartulaire.

II

Le cartulaire du prieuré de Senuc est absolument inédit et c'est nous qui avons eu l'heureuse fortune de le découvrir cette année sous le numéro 5431 du fond latin de la Bibliothèque nationale. Il forme un volume petit in-folio de 81 feuillets, sur papier, écriture du xvi° siècle : le plus ancien instrument est de 1183 environ, le dernier de 1562. Sur le premier feuillet est la signature de Jacques-Auguste de Thou; sur la garde on lit la date du 22 janvier 1565 et plus bas : « Achepté sur le pont Saint-Michel le 6 juin 1596. »

Oricle, disciple de saint Nicaise, accompagné de ses deux sœurs Oricole et Basilique, servait Dieu pieusement à Senuc, village peu éloigné de Grand-pré, et où il avait élevé une chapelle. Les Barbares, dans une de leurs incursious, au commencement du v° siècle, les saisirent tous les trois et les emmenèrent sur une colline voisine où ils leur tranchèrent la tête. Les habitants cependant purent recueillir les corps de ces saints martyrs et les inhumèrent d.. : la chapelle même de Senuc ; des miracles se produisirent dès lors en assez grand nombre pour que Seulfe, archevêque de Reims, décida leur exhumation et leur exposition à la vénération des fidèles. Des clercs avaient été probablement alors chargés de la garde de ces reliques. Mais au bout de peu de temps, paraît-il, d'après le récit de Marlot, ils s'acquittèrent assez mal de leur mis-

sion pour que des voleurs pussent enlever la châsse
afin de s'approprier les métaux précieux dont elle
était composée. Quant aux corps, ils les cédèrent
au comte de Clermont qui le plaça « révéremment »
dans sa chapelle. Les habitants de Senuc s'en plai-
gnirent hautement et quelques personnages ecclé-
siastiques considérables pressèrent vainement le
comte de satisfaire à ces justes réclamations. Notre
archevêque Gervais dut alors intervenir après cinq
années de résistance. Hérimar, abbé de Saint-Remy,
présida à la cérémonie du retour et en récompense
l'archevêque donna l'église de Senuc à cette abbaye
avec le prieuré, à charge d'y entretenir un certain
nombre de religieux (1056). Depuis les reliques
furent transférées à Saint-Remy : l'inventaire dressé
en 1790 constate que le reliquaire était en cuivre
doré garni de figures d'argent.

Le cartulaire que nous publions s'ouvre par une
bulle du pape Lucien III, qui régna de 1183 à 1187,
confirmant les droits et priviléges de l'archi-monas-
tère de Saint-Remy dans les paroisses et églises lui
appartenant : elle ne figure pas les *Archives de
Reims*, publiées par Varin.

Les pièces ne sont pas rangées exactement par
ordre chronologique : nous n'avons pas voulu cependant changer ce classement. Elles sont générale-
ment relatives à des contestations et à des procès :
l'une d'elles cependant présente un réel intérêt en
faisant connaître les détails d'une attaque à main
armée des habitants du bourg de Grandpré contre
le prieuré et le village de Senuc.

Nous avons joint à ce recueil l'analyse des chartes
et pièces concernant le prieuré, qui sont actuelle-

ment conservées dans les fonds de Saint-Remy, aux archives de la Marne : liasses 359 (dépôt de la préfecture de Châlons) et 409 (bibliothèque de Reims).

Chartæ prioratius Sancti Oricoli Sindunensis (Senuc) ab archimonasterio S. Remigii Remensis dependentis.

I. — Lucius episcopus, servus servorum Dei, dilectis filiis S. abbati et fratribus sancti Remigii Remensis salutem et apostolicam benedictionem. Pie postulatio voluntatis effectu debet prosequente compleri, ut et devotionis sinceritas laudabiliter enitescat, et commoditas postulata vires indubitantur. Ea propter, dilecti in Domino filii, vostris justis postulationibus grato concurrentes assensu auctoritate vobis apostolica indulgemus, ut tam clericos quam laicos ad vestram confugiantes religionem liceat vobis liberos et absolutos recipere, et sine contradictione aliqua retinere. In parrochialibus vero ecclesiis quas habetis liceat vobis libere eligere personas et diocesano episcopo presentare quibus animarum curam ipse committat, ita ut illi de spiritualibus vobis autem de temporalibus debeant respondere ; liceat insuper vobis de redditibus unius parrochiæ duobus sacerdotibus qui ecclesiam deserviant, cum episcopali auctoritate pro vestra discretione et arbitrio providere, ita quod unus alii debeat subjacere, dummodo tanti sint redditus quibus uterque possit congrue sustentari. Pari preterea et indempnitati vestræ paternæ sollicitudinis providentes auctoritate apostolica inhibemus, ne quis infrà clausuras et am-

bitus locorum et grangiarum vestrarum aliquam
violentiam facere aut hominem aliqua temeritate
capere seu interficere presumat. Prohibemus insuper ne quoslibet vestros homines temere quisque
capere, vel admodo vestro alienare, aut indebitis
hospitationum procurationibus et servitiis, seu quibuslibet sinistris exactionibus audeat aggravare,
sane novalium vestrorum que propriis manibus vel
sumptibus colitis et de nutrimentis animalium vestrorum nullus a vobis decimas exigere presumat.
Ad hoc presentibus litteris inhibemus. ut nulli
liceat in fundo vestro vel in possessionibus vestris
ad vos spectantibus quas in proprios usus sub vestro dominio retinetis sine licencia et auctoritate
vestra edificium aliquod fabricare. Indebitum etiam
gravamen a vobis..... volentes, in vos aut ecclesias vestras interdicti vel excommunicationis sen-
tenciam sine manifesta et rationabili causa pro-
ferri vetamus. Sepulturas quoque locorum vestrorum in quibus sex monachi ad minus fuerint
liberas esse decrevimus, ut eorum devotioni et ex-
tremæ voluntati qui se illic sepeliri deliberaverint,
nisi excommunicati vel interdicti sint, nullus obsis-
tat, salva tamen illarum ecclesiarum canonica jus-
titia a quibus mortuorum corpora assumerentur. Cum
autem generale interdictum terre fuerit, liceat
vobis fratres et servientes in eisdem domibus com-
morantes, et eos qui se religioni vestræ reddiderint,
nisi forte nominatim fuerint interdicti vel excommunicati, vel aliud destitutione obstiterit, in cime-
teriis vestris christiane tradere sepulture. Nulli
ergo omnino homini hanc paginam nostræ conces-
sionis et constitutionis infringere vel ei ausu teme-

rario contraire; si quis autem attentare hoc presump-
serit, indignationem omnipotentis Dei et beatorum
Petri et Pauli apostolorum ejus se noverit incur-
surum. Datum Velletri vi id. maii. (1183-1185.)

ii. — Charte de Jean, abbé de Moiremont, rela-
tive à la contestation pendante entre ce monastère,
celui de S. Remy de Reims et Jean de Senuc,
prieur de Senuc, dépendance dudit monastère, sur
ce que de toute ancienneté les religieux de Moiremont prétendaient au droit de percevoir chaque
année à la S. Martin d'hiver, sur la maison du
Chesnoy (1), appartenant à S. Remy, 12 septiers de
méteil, et de décimer sur les terres de ladite abbaye
sur le territoire de Buzy (2), sans pourtant aucun
droit de reportage sur les terres cultivées à Buzy
par les laboureurs de Ville-sur-Tourbe ; les religieux de Saint-Remy et le prieur susdit ayant
moitié de la dîme de toutes les terres cultivées à
Ville-sur-Tourbe par les laboureurs de Buzy. Les
parties, sans s'arrêter à ce qui pouvait se pratiquer
dans le passé et mues par le désir de mettre fin à
toute contestation dans l'avenir, conclurent que :
1° l'abbaye de S. Remy et le prieuré de Senuc lève-
ront la dîme de tous les produits de Buzy, et la moitié
des dîmes, à titre de reportage, des gens de Buzy
cultivant à Ville-sur-Tourbe ; 2° qu'ils demeureront
chargés de la rente sus-mentionnée sur la maison
du Chesnoy ; 3° que le prieur de Senuc devra annuellement à l'abbaye de Moiremont, à la S. Martin

(1) Ferme encore existante entre Ville-sur-Tourbe et
Cernay.
(2) Village détruit depuis plusieurs siècles, entre Ville-
sur-Tourbe et Cernay, à gauche de la route actuelle.

d'hiver, six septiers, partie blé, partie avoine, mesure des dîmes de Buzy, sur lesdites dîmes, garantis par l'abbaye de S. Remy ; avec la réserve que ladite rente sera suspendue toutes les fois que les religieux de S. Remy et ledit prieur laisseront les religieux de Moiremont percevoir la dîme de raportage au décimage de Buzy pour les terres qui y seront cultivées par les gens de Ville-sur-Tourbe. Fait au mois d'octobre, « anno millesimo quadringesimo decimo tertio. »

III. — Roger, abbé de S. Remy, voulant terminer le différend existant entre son abbaye et celle de Moiremont qui réclamait, comme droit ancien, la dîme de tous les fruits du territoire de Buzy pour les terres que les gens de Ville-sur-Tourbe y cultivaient, plus le droit de lever moitié de la dîme, à titre de reportage, sur les terres que les gens de Buzy cultivaient à Ville-sur-Tourbe, et même droit pour les terres cultivées à Buzy par les gens de Ville-sur-Tourbe, arrête l'arrangement suivant : l'abbaye de S. Remy percevra toute la dîme des terres cultivées à Buzy par les gens de Ville, sans aucune réserve à titre de reportage ; moitié, à titre de reportage, pour les terres cultivées à Ville par les gens de Buzy ; une rente de 7 septiers, moitié blé et avoine, servie annuellement par le prieuré de Senuc à l'abbaye de Moiremont, mesure de Cernay, sur la maison du Chesnoy, étant portée à 12 septiers ; le droit parochial de Moiremont demeurant intact si un village était bâti au terroir ou dans la paroisse de Cheoche (sic). Fait au mois de juillet 1304.

IV. — L'official de Reims déclare que devant Jean

Walet dit Fideli Turre, notaire à Reims, M° Philippe
de Quercu, clerc, curé de Senuc, a reconnu n'avoir
aucun droit sur la maison, grange et dépendances
de l'abbaye de S. Remy, sise à Senuc, devant le ci-
metierre, entre la ruelle qui va à l'arbre de S. Oricle
et la maison de Jean dit Goudon, tenant seulement
de l'abbaye le droit d'y demeurer pendant qu'il serait titulaire de ladite cure et pendant six mois
après ; à cette condition ne sera plus due la rente
de 20ˢ payée jusqu'alors pour ladite maison à Lambert de Quercu, chanoine de Montfaulcon. Fait en
la cour de Reims le samedi après la fête de la
Décollation de S. Jean-Baptiste, 1308.

v. — L'official de Reims déclare que devant le
même notaire, Adeline, veuve de Gilbert, frère de
Robilard de Senuc, remariée à Mahuet dit de Changny, donne à l'abbaye de S. Remy pour son anni-
versaire annuel 4 septiers de blé, mesure de Senuc,
de rente sur le champ dit au Pommeruel, terroir
de Senuc, planté en vignes. Fait du consentement
du mari de ladite Adeline, la 3ᵉ férie après la Tri-
nité, 1301.

vi. — Comme il y avait discord entre Nicolas,
prieur de Senuc, seigneur temporel à ce titre dudit
lieu de Senuc, et Watrimont Beauchamp, boulanger
audit Senuc, sur ce que ledit prieur soutenait que
les habitants de ce lieu pouvaient faire cuire du
pain dans leurs maisons pour leur usage, mais non
pour d'autres personnes ni pour en faire commerce,
ce que depuis plusieurs années faisait ledit Watrimont; enfin ledit spontanément se présenta devant
Pierre de Reims, clerc ès arts, notaire de la cour
de Reims, commis par ledit prieur, et y reconnut

le bien fondé des réclamations dudit prieur, en se déclarant prêt à payer les amendes encourues par son fait et s'engageant à demander chaque année à la S. Remy le droit de cuire pour vendre en payant 2ª parisis, ce qu'accepte ledit prieur pour lui et ses successeurs...

(Manquent trois feuillets.)

VII. — L'official de Reims déclare qu'il y avait procès pendant devant l'officialité entre Nicolas Briotin, moine de S. Remy et prieur de Senuc, et Warin Persaille, curé dudit lieu, d'une part, et Jean Massiot, religieux de S. Denis, prieur de Grandpré, d'autre part, sur diverses questions ; mais que, par l'arbitrage de Pierre et Gérard Dez, maîtres ès arts, Nicolas Nepveux et Poncelet Pignon, notaires à Reims, un traité fut conclu, rédigé en langue française, décidant que : les demandeurs ne prendront « aucun rapport en tout le terroir dudit Grandprez, excepté au lieu que l'on dict au Vieil Banc des Eschantre », ou même les dîmes doivent se partager par moitié entre le prieur de Grandpré et le curé de Senuc ; que sur les terres cultivées par les gens de Senuc, le prieur de Grandpré prendra la moitié du rapport ; que les deux prieurs se partageront également la dîme du champ de S. Oricle et du champ Bouttemèche. Ce fut fait le 3ª août 1509, en présence de Jean Caussaire, curé de Brieul-sur-Bar, Pierre Faulconnier, prêtre, maître ès arts, Jean Perjehan, Jean Permontier, notaire à Reims, témoins.

VIII. — L'official de Reims (Jean Raymondez), jugeant le procès entre Jean de Senuc, prieur dudit lieu, et Jean dit Robinet, d'Autry, défendeur, au sujet d'un champ sis à Autry, lieudit la Croix, sur lequel le prieur avait à percevoir la moitié des dîmes qui ne lui étaient pas régulièrement payées, ledit official condamne ledit Jean à acquitter ce qui était dû et aux dépens. Fait le samedi après la Pentecôte, 1410.

IX. — L'official de Châlons déclare avoir vu une charte par laquelle Odo, abbé de Saint-Remy, au sujet d'un différend avec Baudoin, seigneur d'Autry, sur les dîmes de Moncheutin, comme patron dudit lieu et de Granhat que l'abbaye revendiquait entièrement, différent qui avait amené de regrettables incidents, consent au partage égal desdites dîmes; consentant que le reste (residuum) de la grosse dîme appartiendra à l'église de Rosières, au diocèse de Reims ; le seigneur renonce au *sernagium* dans les bois de l'abbaye suivant les limites consenties et bornées, en laissant à titre d'avouerie au seigneur le tiers des amendes des procès faits dans lesdits bois contre les étrangers; s'en remettant pour les dépens, dommages, etc., faits, à l'arbitrage de André, chantre, Pierre de Billeio, chanoine de Châlons, et Guy, dit de Reims, clerc. Fait en 1267, juillet, samedi avant la Madeleine. Le vidimus de 1267, seconde fête après S. Mathieu, apôtre.

X. — Jean de Villari Sicco, chanoine et official de Reims, de la cour de Guillaume de Braya, cardinal et archidiacre dudit lieu, prononce l'accord entre l'abbaye de S. Remy et la communauté des habitants de Grandpré ; l'abbaye se plaignait que ceux-ci eussent envahi à main armée et saccagé le prieuré et le village de Senuc, frappé et chassé les religieux et les gens de Senuc en faisant de graves

dommages. La majorité des gens de Grandpré en-
voyèrent des procureurs devant *Roger de Grandpré*,
clerc de la cour, délégué à cet effet, pour conclure un
arrangement. Fait l'an 1270, samedi après SS. Pierre
Paul.

XI. — Je Henris, cuens de Grant, prei faz a savoir
a tous ceus qui ces lettres verront et orront que
en ma présence establi pour ce li home et commu-
nautez de la vile de Grant prei ou la plus grande
partie de aus, Herbinet le fils, Baudesson li prevot,
Rancignon le boie, Willebaut le drapier, Gerard
con dit Pince maille, Guillermot, Bernard Tanne-
poil, Thibaut Saderon, Huet Dontraire, Jehan le
begue, et Grimault, firent et establirent leurs procureurs et leur donarent plain prix de faire pais à
l'église S. Remy de Reims pour eus et en non
d'eus, et d'eus mettre en lordenance et en dit et en
la volonté de haut et de bas de l'abeit de l'église
S. Remy devant dite, et de jurer en leur ames et
de faire autant comme il feroient se il estoient pre-
sent seur ce que la devant dite église disoit et s'es-
toit plaignans que li homme et la communauteis devant dit avoient à armes et a force brisiet la maison et la prioule et la ville de Senuc, qui sont de
l'église devant dite, et batuz et chaciez moines de la
prioule et hommes de la ville de Senuc et fais grans
dommaiges et outraiges en lieus devant diz, et pro-
mitrent devant moi et seur l'obligation de touz leur
biens que il aurait ferme chose et estable sans venir
encontre en non d'eus et de ladite communautei
pour aus et pour la communautei devant dite, et
ferait tenir et garder à ladite communautei et as
hommes dudit Grand prei fermement et entièrement

sous ladite obligation quanque cil devant diz procureurs feront, et ceste besoigne envers l'église devant dite et devant l'abei de cele meismes église. Et pour ce que ceste chose soit ferme et estable, je, à la requeste des hommes de Grandprei et de la communautei de ce li, ai pandu mon sceel a ces presentes lettres. Ce fut fait à Grandprei l'an de grace mil deus cens soisante et diz, le samedi après feste sainct Pierre et sainct Pol.

XII. — Robert de Condé, commissaire du roi, fait connaître les lettres du roi Jean relatives aux nouveaux acquets faits par ou pour les églises sans autorisation en la baillie de Vitry, en date du 25 janvier 1328 ; il cite en conséquence le prieur de Senuc pour la déclaration des legs, aumônes à son prieuré depuis 40 ans, savoir : la maison avec jardin et dépendances des enfants de Robin de Bu y ; une grande fauchée de pré, au ban de Buzy, lieudit En Vallepre ; maison et jardin d'Aubertin le Clerc, sise devant Mgr de Buzy ; pour lesquels ledit prieur versa audit Robert 105^s tournois en échange de la reconnaissance d'amortissement. Fait le 12 mars 1329.

XIII. — Pierre Malmoine de Ste Menehould, garde du scel de ladite prévôté, déclare la vente au prieuré de Senuc par Jacommin du Chastellier, écuyer, et d^{elle} Marguerite, sa femme, de tout ce qu'ils pouvaient posséder aux terroirs de Anesgres (?) et de Vion, avec toute justice, moyennant 40 liv. tournois pour prix desdits biens et frais de l'acte. Fait le mardi après la Pentecôte, 1331.

XIV. — Gilles d'Aubilly, élu par le roi en la ville de Grandpré, et Colart de la Voix, bourgeois d'icelle, arbitres acceptés entre l'abbaye S. Denis de Reims, à cause de son prieuré de Grandpré, et Jean du Chesne, prieur de Senuc, et le curé du lieu, défendeurs, décident après enquête que le prieur et le curé de Senuc sont en légale possession de lever la moitié des dîmes à titre de rapport sur les terres cultivées par des gens de Senuc sur le territoire de Grandpré et condamnent les demandeurs aux frais liquidés à 4 livres. Fait le 17 mai 1409, le vendredi après l'Ascension.

xv. — Laurent Cauchon, écuyer, sgr de Verzenay, garde du scel du baillage de Vermandois à Reims, déclare que, par devant Jean Bricot et Etienne de Roche, notaires à Chavigny, Adam Brifaut, vicaire et gouverneur de Senuc, et Perron Buch, dit Cocquet, paroissien dudit lieu, ont comparu : ledit Cocquet ayant requis ledit Brifaut de lui laisser mettre et entretenir pendant sa vie une lampe devant le *siboingne* de l'église de Senuc, l'autorisation du prieur de Senuc étant néanmoins nécessaire, laquelle ledit Adam accorde par le présent acte. Fait le 13 décembre 1526.

xvi. — Gobert Fournet, chanoine de Laon, garde du scel du baillage de Vermandois à Laon, déclare que devant Nicolas le Fèvre, son commis à Reims, dom Nicolas Robillard, abbé de S. Remy, dom Guillaume de Villers, prieur de Senuc, ont loué à rente perpétuelle à Ernoul Marondel, charpentier à Senuc, une masure avec cour, jardin et dépendances à Senuc, appartenant ladite abbaye, par renonciation des propriétaires, étant chargée anciennement au profit de l'abbaye de 20ˢ par. de surcens et 5ᵃ par. de droit cens. Ledit preneur devant chaque année 8 d.

par. de droit cens en outre des droits susdits et encore 10ˢ par. de surcens à la S. Jean-Baptiste. Fait le 31 mai 1457.

xvii. — Renaud Doulcet, écuyer, lieutenant général du bailli de Vermandois, Jean de Reims, écuyer, licencié en lois, procureur, Thomas Mainyncan, cᵉ ordʳᵉ du roy audit baillage, et Philibert du Haut-toit, écuyer, commissaire ordonnʳ du roi sur les francs fiefs et nouveaux acquêts audit baillage, déclarent que le prieur de Senuc a affirmé n'avoir aucune nouvelle déclaration à faire. A Reims, le 20 mars 1489.

xviii. — Gobert Doulcet, écuyer, garde du scel du baillage de Vermandois à Laon, déclare que devant Nicolas Touffier, clerc à Reims, commis par ledit Gobert, Peresson Faveret, maréchal, et Collesson Lorin, laboureur de Senuc, ont reconnu qu'ils n'avaient aucun droit de pêche en la fosse du moulin sans la permission expresse du prieur (Nicolas Briotin), lequel, vu la pauvreté des deffendeurs, réduit l'amende à 32ˢ par. par tête. Fait le 7 février 1498.

xix. — Quentin de Martigny, conseiller du roi, garde du scel du baillage de Vermandois à Laon, certifie que le 17 avril 1520, avant Pasques, devant Renaud Augier et Guillaume Roussel, notaires à Reims, Thomas Goulier, mayeur de Senuc, et Collesson Huns et Jean Hanriet, échevins dudit lieu, ont déclaré que, dès le 20 février 1519, Jean Fourgeault, curé de Rescrinet, a donné à l'église S. Oricle de Senuc trois fauchées de prés à Senuc, lieu dit Montsaxon, avec terre et jardin y attenant; un pré de 80 verges royé aux prés des moines, comme cela est décrit dans la lettre de Mgr de Lénoncourt, archevêque de Reims, abbé de S. Remy, en date du 19 octobre 1519. Ladite aumône faite à charge d'une grand'messe à perpétuité avec vigilles à 9 leçons, le jeudi et le vendredi des quatre-temps de septembre, au prieuré, avec assistance du prieur, des religieux et du curé ou de son chapelain, lesquels diront également une messe et recevront chacun 5 sols tournois et 15 d. au marguillier présent ; ces messes seront annoncées le dimanche précédent, les grosses cloches sonnant, deux cierges allumés. Fait ledit jour et an.

xx. Jean Frémin, garde du scel du baillage de Vermandois à Reims, certifie que devant Jean Bonnestraine et Hubert Vaurouart, notaires à Reims, Mgr Guillaume de Miremont, seigneur de Gueux, protonotaire, abbé de S. Remy de Sens et prieur de Senuc, a loué à Godefroy de Grutus, écuyer, et à Françoise de Ligny, sa femme, demeurant à Jametz, la cense du Châtelet, sise sur la montagne, hors du village de Senuc, comprenant une vaste maison, jardin, 110 arpents de terre, 1 arpent 1/2 de vigne, 11 fauchées 1/2 de prés, à titre de surcens emphytéotique au prix annuel de 15 septiers de blé, 30 de seigle, 30 d'avoine, mesure de Senuc, et à charge de remettre en bon état les bâtiments qui tombaient en ruine. Fait à Reims le 18 août 1544.

xxi. — Jean Frémyn, garde du scel du baillage de Vermandois à Reims, certifie que devant Jean Hémart et Jean Rogier, notaires à Reims, Melchior de Marin, archer des ordonnances du roi dans la charge du duc de Bouillon a déclaré que dès le 12 novembre 1550, Mgr de Miremont, abbé de S. Remy de Sens, a baillé à surcens emphytéotique, au nom de Robert Pellenc, prieur de Senuc, à Jean Desbans et Louise Hannequin, sa femme, la cense dite Auronne, sise à Senuc, comprenant bâtiments et 60 arpents de terres et 6 de prés, au prix de 30 livres de rente à la S. Martin d'hiver ; que depuis ledit Desbans étant mort, sa veuve s'est remariée avec ledit Melchior qui se fit substituer au bail du susdit défunt par les présentes lettres. Fait le 20 septembre 1554.

xxii. — Jean Frémyn susdit certifie que, par devant Jean Roussel et Gobert Gérard, notaires à Reims, Mgr de Miremont, au nom de Robert Pellenc, prieur de Senuc, a baillé à Jean Desbans, etc. (Voir l'art. ci-dessus.) Fait le 12 novembre 1550.

xxiii. — Jugement de l'échevinage de Senuc (Jean Gouson, mayeur, Peresson Licht, Jean Colard, Henri Li Tourlant, échevins) condamnant Jean de Ploit, de Chenyers, qui avait voulu se soustraire au droit de rouage appartenant au sgr de Senuc, par lequel il perçoit 8 d. par char de vin, et 4 d. par charrette sortant et entrant à Senuc, à payer lesdits droits, plus 60ˢ à titre d'amende. Jugé le 18 décembre 1518.

xxiv. — Devant Nicolas Lonnet, notaire à Reims, Pernet le Sous-maistre et Colesson Blondel, vigneron à Senuc, attestent que depuis plus de 60 ans, il est à leur connaissance que le prieuré ne doit aucune dime pour ses terres au curé de Senuc. Fait le 11 février 1486.

xxv. — François, roi de France. — Arrêt du parlement de Paris adjugeant à Gérard Briotin,

4

demeurant à Reims, la propriété d'une maison et pièce de terre et vigne, sise à Senuc, provenant de Jean Milet dit Brochard. 23 août 1519.

XXVI. — Exploit du sergent royal constatant, en présence de Jacquesson Favereau, lieutenant du mayeur de Senuc, Léonard Charloteau et Poncelet le Boularre, échevins en justice, signification dudit arrêt audit Milet et investissement de la maison au profit du procureur du sʳ Briotin « par le bail et tradition d'une buchette de bois saulve de tous droits et en la manière accoustumée. » 24 sept. 1519.

XXVII. — Ordre du roi, par exploit du premier huissier du Parlement, à Jean Piedbon, soi-disant seigneur de Vaulx, et Jean Guillaume dit le Porc, à comparaître pour se défendre contre Nicolas Briotin, prieur de Senuc, seigneur dudit lieu, à cause du droit de gerbes qu'ils prétendaient sur la cense d'Ausone, sise audit Senuc. Donné à Paris, ce 6 août 1515.

XXVIII. — Jean, abbé de S. Remy de Reims, déclare que par nouvel acquêt il possède moitié de Stannis dite Doubieur à Lanson, dont l'autre moitié appartient à ladite abbaye, cède à icelle sa moitié pour l'amélioration de la pitance. Fait au mois d'août 1335.

XXIX. — Jeanne d'Angimont, dame d'Autry, et Nicolas de Charbongne, chevalier, son fils, décla-avoir vendu à l'abbaye de S. Remy la moitié des quatre étangs dits des Bièvres, avec la justice et le droit de prendre dans les bâtis voisins le bois nécessaire à leur exploitation pour la somme de 140 livres tournois. Fait le samedi après S. Laurent, 1335.

xxx. — Colard de Vaux, garde du scel de la prévôté de Sainte-Ménehould, certifie que devant Ber-
tremin Robinet et Jean Androuyn, clercs jurés audit
lieu, Jeanne d'Angimont et Nicolas de Charbogne
vinrent déclarer que tenant de l'abbaye les villages
de Binarville et Lançon, « de serve condition » et
plusieurs autres choses, les habitants étant de morte-
main et formariage et ne pouvant faire tonsure de
clerc à leurs enfants sans le congé dudit seigneur,
ni demeurer hors desdits lieux, ils les ont, de l'as-
sentiment de l'abbé, affranchi de toutes ces servi-
tudes, et, pour indemniser l'abbé, lui donnent la
moitié des quatre étangs dits des Bièvres avec usage
des bois nécessaires dans les bâtis voisins. Fait le samedi après S. Laurent, 1335.

xxxi. — Approbation de l'acte ci-dessus devant
les mêmes jurés par Aalis dou Bois, dame de Charbongne, femme de Mgr Nicolas de Charbongne,
chevalier. Fait le jeudi après S. Denis, 1335.

PRIVILÉGES DES PAPES

xxxii. — Innocent approuve et relate les bulles
du pape Jean à Adalbéron, abbé de S. Remy (avril,
an 13 du pontificat), accordant sa protection aux
possessions de l'abbaye. Latran, 5 des ides de janvier, an 1ᵉʳ du pontificat.

xxxiii, xxxiv, xxxv, xxxvi, xxxvii, xxxviii, xxxix.
— Divers priviléges généraux accordés au même
monastère par les papes Nicolas, Alexandre, Jean,
Jean, Honorius, Nicolas, Alexandre.

XL. — Adrien, pape, à Hugues, abbé de S. Remy, portant énumération détaillée des possessions de l'abbaye, entre autres : « ecclesiam sancti Oricoli cum appendiciis suis ». Fait à Rome, 14 des kalendes de janvier 1154.

XLI. — Alexandre, pape, à Pierre, abbé de S. Remy, portant semblable énumération ; des ides de janvier 1164.

XLII. — Bail emphythéotique fait par Mgr de Miremont à Gérard Laigner « du lieu d'Avesgres où d'ancienneté il y avoit bourgeois et habitans résidans, de présent ruyné et destruit par les guerres, qui consiste en ban et finaige et justice haulte, moyenne et basse, comprenant 100 arpents de terres, 10 de prés, plus 2 arpents où était anciennement la maison et grange, à charge d'y rebâtir une maison avec dépendances, et au prix annuel de 10 liv. tournois, payables à la S. Martin d'hiver, pour les terres, 5ˢ pour la maison et 2 chapons. Fait le 17 mars 1553.

XLIII. — Bail viager devant Jean Colbert, garde du scel du baillage de Vermandois à Reims, par Mgr de Miremont, prieur de Senuc, à Mathieu Lespaignol et Nicolas Morlet, laboureurs à Senuc, d'une maison audit lieu, moyennant un surcens annuel de 40ˢ tour. et 2 chapons. 20 juin 1562.

. Nous ajoutons ici, comme nous l'avons dit, l'analyse des pièces du prieuré, conservées dans les archives départementales de la Marne, fonds de l'abbaye de Saint-Remy.

LIASSE 359. — **Cense de Geddes ou Gètes**.

I. — Janvier 1291. Devant l'official de Reims,
Gilbert Hutaire, de Senuc, vend à Jean, aumônier
de Saint-Remy, un pré sis à Gètes, au prix de 7ᵉ
la fauchée.

II. — Décembre 1291. Devant l'official, autre
vente de pré, lieudit Raviant, par Constant, de Senuc, au même prix.

III. — Bail passé en 1561 au profit de Guillaume
de Grutus, écuyer, seigneur du lieu, de ladite cense
comprenant six arpents de terres et un pré.

Dans la liasse 409¹, bibliothèque de Reims, nous
avons recueilli les pièces suivantes, relatives au
prieuré de Senuc :

IV. — Novembre 1248. L'archevêque de Reims
donne à l'abbaye la dîme de la neuve ville de Moncheutin et du territoire et tous les droits qu'il peut
y avoir.

V. — Avril 1267. Baudoin, seigneur d'Autry,
désigne Jean le Gris, clerc, comme son procureur,
pour s'entendre au sujet du lieu susdit avec les arbitres de S. Remy, André, chantre, P. de Rilleio,
chanoine de Châlons, et Girard de Reims.

VI. — Sentence desdits, du mois d'octobre 1267,
décidant que l'abbaye possède la cure, moitié des
dîmes et le patronage de Montcheutin de moitié

avec le seigneur d'Autry ; que ledit seigneur devra
au prieuré de Senuc 20 septiers de blé de rente en
une maison près de l'église pour loger le prieur,
20 journals de terre et une fauchée de pré ; que la
dîme de Grandham appartient à la chapelle fondée
au château (1).

(1) Cette charte est assez intéressante pour que nous la
reproduisions in-extenso :

Nos Andreas, cantor, Petrus de Rilleyo, canonici cathalaunenses, magister Guido de Remis, clericus, super discordiis ortis inter viros religiosos abbatem et conventum sancti
Remigii remensis et venerabilem virum magistrum Balduinum, dominum de Autreyo, et archidiaconum Stadiensem in
ecclesia cathalaunensi, arbitratores et ordinatores pacis
electi, suscepto a nobis pacis et ordinationis ministerio pro
bono pacis deliberatione prehabita diligenti nobiscum et
cum juris peritis ordinamus et pronuntiamus de questioni-
bus et discordiis predictarum partium in hunc modum : Vi-
delicet quod predictus dominus de Autreyo liber sit et quittus
ab omnibus expensis et dampnis factis et illatis et fructibus
perceptis decimarum de Moncheutyn et territorii ejusdem
quorumcumque proventuum in quibus posset et potuisset
predictum monasterium ex quacumque causa usque in diem
hodiernum jus aliquod reclamare, et ipsum magistrum Balduinum suosque successores per nostram sententiam et ordi-
nationem absolvimus penitus de predictis, pronuntiamus
etiam et ordinamus quod universa acta judiciorum facta et
habitatam coram delegatis quam ordinariis judicibus quibuscumque super omnibus controversiis habita, qualiacumque
sint, inter ipsas partes vana sint et cassa et cancellata et
pro cassis, et vanis et nullis in futurum penitus habean-
tur. Ordinamus etiam quod ipsa acta que penes partes resi-
dent et quoscumque alios quorum possibilis est exhibitio igne
cremantur, et quod abbas et conventus sancti Remigii remensis in relaxatione sententiarum latarum interdicti, suspensio-
nis et excommunicationis in predictum magistrum Balduinum
consentiant et faciant relaxari, quodque infra octo dies acta
ipsa universa assignentur ad manus nostras Petri de Rilleio igne cremanda, secundum quod viderimus expedire,
quodque littere relaxationis predictarum sententiarum scri-
bantur quibuscumque personis quas ad hoc predictus ar-

VII. Veille de l'Annonciation, 1264. Devant l'offi·
cial. Accord conclu entre l'abbé et le prieur de
Senuc, et Raoul, curé du lieu, l'autorisant à jouir
des droits dont jouissaient ses prédécesseurs.

VIII. — Samedi après décollation de S. Jean

chidiaconus duxerit eligendas, quodque predictus archidiaconus fructus dimidie partis decimarum ville de Moncheutyn et territorii ejusdem abbati et conventui reddet
vel reddi faciet messis nuper preterite vel eorum mandato,
prestet etiam patientiam quod iidem abbas et conventus vel
eorum mandatum dimidiam partem decimarum percipient
in futurum, quodque jus patronatus ville de Montcheutyn
et de Granhanz sit predictorum abbatis et conventus sancti
Remigii et quod hoc idem archidiaconus recognoscat. De
dote vero parrochialis ecclesie de Montcheutin ordinamus
de voluntate ejusdem domini de Autreio quod idem do-
nus det et assignet unam domum consistentem in villa de
Montcheutin prope ecclesiam dicte domui
contiguis, xx jornalia terre sita in territorio de Montcheutin et unam falchiatam prati prope territorium, quodque
percipiat in alia dimidia parte decime de Montcheutin ipsa
parrochialis ecclesia xx sextarios bladi. Ordinamus etiam
quod quarta pars decime ville de Granthanz et territorii
ejusdem ad capellaniam fundatam in castro et rupe de Autreyo seu donjonno pertineat, ipsamque perpetuo percipiat
quicumque fuerit inibi capellanus, reliqua autem quarta
pars sit parrochialis ecclesie de Montcheutyn. In quorum
omnium testimonium et munimen nos Andreas, cantor, et
Petrus de Rilleio, canonici cathalaunenses memorati, sigilla
nostra propria presentibus litteris duximus apponenda. Et
ego magister Guido predictus sigillo curie venerabilis viri
S. de Soisiaco, archidiaconi de Virtuto in ecclesia cathalaunensi, quia sigillum proprium non habeo, usus sum in hac
parte. Actum cum procuratoribus dictarum partium, vide-
licet magistro Johanne dicto Legris, clerico recepto per litteras ipsius domini de Autreyo, et fratre Nicolao, monacho
et camerario monasterii memorati, procuratore dictorum abbatis et conventus per litteras eorumdem. Anno domini
M.CC.LX. septimo, die lune post festum S. Mathei apostoli,
sexto kal. octobris. (Les sceaux pendant, mais brisés dans des
enveloppes en parchemin.)

Baptiste, 1308. — Jean Nalet, clerc, déclare que Philippe *de Quercu*, clerc à Senuc, a renoncé à toutes ses prétentions sur la grange et la maison de l'abbaye, sise audit lieu devant le cimetière, près de la rue menant *ad arborem sancti Oriculi*, maison qu'il tenait de ladite abbaye, alors qu'il était curé de Senuc.

ix. — Sentence de Gilles d'Aubilly, élu du roi à Grandpré et de Colart de la Voize, bourgeois dudit lieu, arbitres, ordonnant que l'abbé de S. Remy, le prieur et le vicaire perpétuel de Senuc auront moitié des dîmes à cause du rapport de fer quand les laboureurs de Senuc iront labourer leurs champs à Grandpré.

x. — Roger de Grandpré, clerc, déclare que Isabelle, dame de Cernay-en-Dormois, a renoncé à ses prétentions sur les terres de Raussin, dit le portier de Cernay, sises à Buzy, contre la volonté de l'abbaye, et les a cédées moyennant une somme de 170 livres fortes : ce qui est approuvé par Guy, chevalier de Cernay, et Jean, son fils. Juillet 1266.

xi. — Vente consentie au profit du prieuré de Senuc par Jacquemin du Chastelier, écuyer, de la seigneurie, terre et justice d'Avesgre et de Vieu, au prix de 45 livres. Mercredi après la Pentecôte, 1331.

Enfin la liasse 409² renferme les 46 pièces suivantes (1) :

i. — Bulle du pape Lucius III par laquelle il

(1) Un dernier acte est à signaler dans la liasse, c'est une transaction intervenue le 14 janvier 1655, entre l'abbé de Saint-Remy et le prieur de Senuc, par laquelle, vu la ruine des bâtiments du prieuré, causée par les gens de guerre,

confirme aux prieur et religieux de Senuc qui seront au moins au nombre de six, le droit de nommer à la cure dudit lieu en représentant celui qu'ils auront nommé à l'évêque à qui il sera soumis pour le spirituel et auxdits religieux pour le temporel, avec exemption de dîmes sur leur domaine (1).

Item confirme tous leurs droits et priviléges. 1182.

II. — Baudoin, seigneur d'Autry, donne au prieuré de Senuc dix septiers d'avoine à prendre sur les terrages dudit Autry, et XV sols de cens sur les prés à lui appartenant à Autry.

Témoins : Renaud de Dunchereio, beau-père de Baudoin, Clémence, sa femme, Witer de Chaleranges, Angubrand, châtelain de Mosomo, Ricard, son frère, Etienne Bocerez, André de Lanson, Guiard de Monte-Falcone, Odo de Carnaio, Pierre de Olisi, Wacelin de Termis, Garnier, chevalier de Breceio,

l'abbé céda aux religieux pour remplacer le logis une part des dîmes de Bouconville et de Cernay. Il y avait alors trois moines à Senuc.

(1) Lucius, episcopus, servus servorum Dei, dilectis filiis priori et fratribus sancti Oricoli Sindunensis salutem et apostolicam benedictionem. Quotiens a nobis petitur quod religioni et honestati conveniat, animo nos decet libenti concedere et petentium desideriis congruum suffragium impertiri. Ea propter, dilecti in Domino filii, vestris justis postulationibus grato concurrentes assensu, auctoritate vobis apostolica indulgemus ut tam clericos quam laïcos ad vestram religionem confugientes liceat vobis liberos et absolutos recipere et sine contradictione aliqua retinere. In parrochialibus vero ecclesiis quas habetis liceat vobis libere idoneas personas eligere et diocesano episcopo presentare quibus animarum curam ipse conmittat, ita ut illi de spiritualibus, vobis autem de temporalibus debeant respondere; liceat insuper vobis de reddibitus unius parrochie duobus sacerdotibus qui ecclesie deserviant cum episcopali auctoritate pro vestra discre-

Raoul, prieur, Hugues de Cruni, Garnier, sous-
prieur, Nicolas Brunellus, Guiard, mayeur, Oger de
Autreio, Giraud, fils de Burgaud Lambert de Bur-
narcvilla (*sic*), Gaucher de Carnaio, Roger de Autreio. (Sceau au cavalier, brisé.) 1207.

III. — Transaction passée entre Baudoin, seigneur
d'Autry et le prieur de Senuc, par laquelle ledit
s^r d'Autry reconnaît que la propriété et justice de
certains bois assis entre les bornes y spécifiées, appartient audit prieuré de Senuc ; et que les aisances
dudit lieu d'Autry et de Senuc seront réciproque-
ment communes entre les habitants desdits lieux.
1219.

IV. — Lettre par laquelle Baudoin, seigneur d'Autry, archidiacre d'Astenois, cède à l'abbé et aux
religieux de Saint-Remy le droit d'usage qu'il avait
aux bois de Senuc à Grahan. 1267.

Sceau ovale représentant un ecclésiastique, les

tione et arbitrio providere, ita quod unus alii debeat subjacere, dummodo tanti sint redditus quibus uterque possit
congrue sustentari. Paci preterea et tranquillitati vestre
providere volentes, auctoritate apostolica inhibemus ne quis
infra clausuras et ambitus locorum et grangiarum vestrarum
aliquam violentiam facere aut homines aliqua temeritate
capere presumat. Prohibemus insuper ne quoslibet vestros
homines temere quisquam capere vel a dominio vestro alienare aut indebitis hospitationum procurationibus et servitiis seu quibuslibet injustis exactionibus audeat aggravare.
Sane novalium vestrorum que propriis manibus vel sumptibus colitis, sive de nutrimentis animalium vestrorum, nullus
a vobis decimas extorquere presumat. Ad hec presentibus
litteris inhibemus ut nulli liceat in fundo vestro vel in possessionibus ad vos spectantibus, quas ad proprios usus sub vestro
dominio retinetis, sine licentia et auctoritate vestra edeficium
aliquod fabricare. Indebitum etiam gravamen a vobis amo-
vere volentes, in vos aut ecclesias vestras interdicti vel excem-
municationis.....

mains croisées sur la poitrine, tenant un livre. Au contre-scel écu chargé de 3 bandes.

v. — Acquisition par les religieux de Saint-Remy au profit du prieuré de Senuc du droit de pêche des habitants de Grandpré en la rivière d'Aisne au terroir dudit Senuc. Vente consentie par le prévôt et les échevins de Grandpré pour 80 livres parisis. 1271.

vi. — Adeline, veuve de Gilbert Robillard de Senuc, et femme de Maheu dit de Changny, laisse par don testamentaire à l'abbaïe de Saint-Remy quatre septiers de froment à prendre sur un champ lieudit au Poumeruel, terroir de Senuc, lequel est planté de vignes. 1301.

vii. — Transaction entre le prieur de Senuc, Dom Guido, et les habitants d'Autry, de laquelle il résulte que ledit prieur sera tenu de faire réparer la couverture de l'église de Saint-Lambert dudit Autry et fournir tous les matériaux nécessaires, et les habitants de les aller chercher et conduire audit lieu : en outre que les autres églises d'Autry seront à l'obligation desdits habitants. 1304.

(Sceau brisé.)

viii. — Lettre de laquelle il résulte que Hanyonne, veuve de Colin dit Maillart, clerc de Senuc, a vendu à dom Henry de Beine, moine du monastère de St Remy et prieur du prieuré de Senuc un quartel de froment de rente garantie par une maison sise audit Senuc. 1316.

ix. — Lettre ou vidimus qui fait mention de plusieurs cens en grains dus au jour de S. Remy d'octobre à l'abbaye de St Remy par plusieurs propriétaires, avec la déclaration des héritages redevables desdits cens situés sur le terroir de Senuc. 1318.

x. — Traité fait entre Henry de Beine, prieur de Senuc, et Jean de Maugis, fils de Robert de Robillart, clerc de Senuc, duquel il résulte que ledit prieur jouira de 240 verges de terre, au lieu appelé *à la Baize*, pour la 3ᵉ partie d'une maison sise dans ledit lieu, que ledit prieur a cédée audit Maugis, et s'est ledit prieur réservé le passage à pied et à cheval dans ladite maison pour lui et pour les siens. 1320.

xi. — Bail a perpétuité fait par l'abbé de Sᵗ Remy au prieur de Senuc d'une maison assise audit lieu, proche la ruelle qui va à l'arbre de Sᵗ Oricle, moyennant 20ˢ parisis par an. 1323.

xii. — Lettre par laquelle Husson de Charnisieux décharge le prieur de Senuc de 16ˢ de cens qu'il lui devait à cause d'une fauchée de pré et bois. 1325.

xiii. — Acquisition faite par frère Etienne de la Fauche, moine de Sᵗ Remy et prieur de Senuc, de damoiselle Jeanne d'Angumont, dame d'Autry et de Charbogne, et Collard, son fils, de tout ce qui leur appartenait au bois Richard-Follie tenant aux bâtis de Lausson : ledit bois mouvant de M. l'abbé de S. Remy. 1336.

xiv. — Acte par lequel Jacquesson Le forestier et sa femme reconnaissent qu'ils sont redevables envers le prieur de Senuc, de 12 septiers de grains, moitié froment et moitié avoine, de rente perpétuelle à cause de leur maison de Baxon et ses appartenances. 1355.

xv. — Bail à perpétuité fait par M. l'abbé de S. Remy à Godefroy de Sᵗ Marc et Charles Ernaut, d'une maison assise à Senuc, tenant à la ruelle dame Jeanne, moyennant 20ˢ parisis de rente envers ledit abbé et 5ᵉ parisis envers le prieur dudit Senuc par chaque année. 1377-1457.

xvi. — Acte par lequel Charles Ernaut et sa femme reconnaissent devoir au prieuré de Senuc 5ᵉ parisis de cens à cause d'une vigne qu'ils possèdent audit lieu. 1390.

xvii. — Avertissement donné par ordre du promoteur de l'archevêché à Guillaume de Sancto-Sepulcro, prieur de Senuc, pour la desserte du prieuré qu'il négligeait et pour fournir les choses nécessaires à la desserte dudit prieuré. 1393.

xviii. — Sentence qui condamne à l'amende Richer Lefevre, bourgeois de Senuc, pour n'avoir pas voulu garder un prisonnier arrêté sur les terres et limites de la justice du prieuré de Senuc. 1398.

xix — Sentence arbitrale par laquelle le prieur est maintenu au droit de prendre et percevoir tous les ans et sur chacun habitant dudit Senuc un quartel d'avoine au jour de Sᵗ Remy d'octobre. 1399.

xx. — Lettre de laquelle il résulte que nul habitant de Senuc ne peut cuire du pain pour autrui, ni pour mettre en vente, sans le congé du prieur de Senuc : lequel congé doit être renouvelé tous les ans moyennant 2 sols parisis au profit dudit prieur. 1488.

xxi. — Lettres touchant les francs-fiefs et nouveaux acquêts du prieur de Senuc, par lesquelles les commissaires du roi renvoient le prieur de Senuc, attendu qu'en son prieuré il n'y avait rien pour tomber en composition. 1489.

xxii. — Sentence en forme de transaction par laquelle deux particuliers habitants de Senuc reconnaissent qu'ils n'ont aucun droit de pêcher en la

fosse du moulin, sis sur la rivière de Senuc, appartenant au prieur dudit lieu, et que, pour l'avoir fait,
ils sont amendables de 60ˢ parisis chacun envers
ledit prieur. 1498.

xxɪɪɪ. — Sentence par laquelle le mayeur et les
échevins de la justice du prieuré de Senuc abandon-
nent à Gérard Briotin plusieurs héritages sis audit
lieu et provenant de Jean Brochart : ledit Brochart
avait été condamné en l'amende de 60ˢ parisis envers le prieur dudit Senuc, pour avoir été trouvé
vendant vin audit lieu avec un pot qui n'était point
de mesure ; et son fils en une amende de pareille
somme pour avoir coupé du raisin dans les vignes
dudit prieur. 1519.

xxɪv. — Mᵉ Jean Forgeault fait donation au
prieuré de Senuc de trois fauchées de prés sis audit
Senuc, lieudit le Mont-Saxon, avec une terre et jardin tenant audit pré ; et un autre pré contenant 80
verges, royé le Pré des Moines, à la charge de dire
une messe haute et vigiles le jeudi des Quatre-
Temps par an. 1519.

xxv. — Bail à surcens viager fait par les religieux de Sᵗ Remy au profit dudit prieuré, d'une
place sise audit Senuc en la rue haute, contenant
16 verges, à la charge d'y faire construire une
maison et de payer audit prieuré 5ˢ et un chapon
de surcens chacun an. 1526.

xxvɪ. — Bail à surcens viager fait par le prieur
de Senuc d'une maison, lieudit Pourpris, contenant
deux arpents, assise audit Senuc, moyennant 40ᵐ
tournois et deux chapons de surcens chaque année.
1526.

xxvɪɪ. — Bail à surcens viager fait par les abbé

et religieux de S. Remy à Jean Lorin et sa femme, d'une place contenant 25 verges ou environ sise à Senuc, lieudit Lauche : à la charge d'y bâtir une maison et de payer chaque année au prieur de Senuc 6ˢ 8ᵈ tournois de surcens et 2 chapons. 1526.

xxviii. — Bail à surcens viager fait par les religieux, abbé et couvent de S. Remy à Jean Henryet d'une masure et jardin, sis à Senuc, en Neuve rue, à la charge d'y faire bâtir une grange et de payer par chacun an 5ˢ tournois et un chapon de surcens. 1526.

xxix. — Adam Briffaut, vicaire de l'église du prieuré de Senuc, permet à Person Cocquet, habitant dudit Senuc, de faire mettre une lampe dans le ciboire de l'église dudit lieu, et de l'entretenir pendant' sa vie. Il résulte encore de cet acte que les oblations qui se font en ladite église appartiennent au prieur dudit Senuc. 1526.

xxx. — Copies non signées de plusieurs baux à surcens faits par le prieur de Senuc de quelques pièces de terre et savarts mises en vignes, situées au terroir dudit Senuc et confirmés par M. l'abbé de Sᵗ Remy. 1542.

xxxi. — Mémoire de quelques pièces de vignes assises au terroir de Senuc.

xxxii. — Registre du greffe de la justice de Senuc. 1543-1544.

xxxiii. — Mᵉ Robert de Pellevé commet pour administrer et gouverner les fruits de son prieuré la personne de Mᵉ Guillaume de Miremont, abbé de Sᵗ Remy de Sens. 1548.

xxxiv. — Bail à surcens pour trente ans, fait par le prieur de Senuc, de 130 verges de vignes en trois

pièces sises du côté de la ville : 18 verges au lieudit
la Fontaine l'Hermite ; 30 verges lieudit à Esque-
villon-Fossez ; un petit jardin audit lieudit contenant 8 verges, et un arpent de pré tenant au s^r de
Sucquy ; le tout situé au terroir de Senuc, moyennant 50^s par an. 1565.

xxxv. — *Exploit et sentence du présidial de Reims*,
d'où il résulte que Geoffroy Mathieu est condamné
à quitter et abandonner à Dom Nicole Chertemps,
prieur de Senuc, la possession et jouissance d'une
pièce de 3 arpents de terre, sise au terroir dudit
Senuc, lieudit la Croix-Aumont, avec la restitution
des fruits depuis son injuste détention. 1567.

xxxvi. — Déclaration de plusieurs héritages sis
à Senuc et appartenant au prieuré. 1569.

xxxvii. — Certificat de Jacquesson Hanriet,
lieutenant du mayeur, et des échevins de Senuc
établissant qu'une pièce de terre en savart, sise au
terroir de Senuc, lieudit aux Cotes, contenant 40
verges, *royée le prieur de Senuc de toutes parts*,
a été défrichée et mise en nature de vignes à la di-
ligence de Melchior de Marin, escuyer. 1570.

xxxviii. — Plusieurs pièces et procédures pour
Dom Nicole Chertemps, prieur de Senuc, contre
Louis de Sugny, écuyer, seig^r dudit Sugny, pour
raison de quatre arpents et demi de vignes que possédait ledit s^r de Sugny, lesquelles appartenaient
audit prieur à cause de son dit prieuré de Senuc ;
sur lesquelles procédures est intervenue sentence
par défaut qui a condamné ledit de Sugny à déguer-
pir lesdites vignes. 1570.

xL. — Bail de trois années fait par le prieur de
Senuc, de la rivière dudit lieu, à prendre depuis

l'endroit dit le Lansonnet jusqu'à la fosse Dodas, moyennant VIII[l] et un plat de poisson par chaque an. 1573.

xli. — Sentence du présidial de Reims obtenue à la requête du s[r] Chertemps, prieur de Senuc, contre les tuteurs des enfants mineurs de défunt Drouet Fauconnier, vivant s[r] de Chevières, lequel avait usurpé et réuni à son terroir de Chevières la quantité d'environ 300 arpents de terres vacantes dépenpendantes du ban et finage dudit Senuc, d'une contrée appelée communément l'*Homme-Mort*. 1574.

xlii. — Acquisition faite par Nicole Chertemps, prieur de Senuc, d'un demi-arpent de terre, sis au terroir dudit Senuc, lieudit devant le Moulin, pour la somme de 30[l], sur Jehan Henriot, greffier en la justice dudit lieu. 1574.

xliii. — Transaction par laquelle Dom Nicole Chertemps, prieur de Senuc, donne en échange à Mre Robert de la Viéville, seigneur de Mouzon, un coupon de rivière appelé la Froide-Culée, autrement le guet des Bourgeostes, ensemble deux autres coupons de rivière, l'un appelé les Puissieux, et l'autre la Culée d'Agas, sis sur la rivière d'Aisne. Et en contre-échange ledit s[r] de la Vieuville abandonne audit prieur une pièce de six quartels de prés assise au ban et terroir dudit Mouzon en lieudit les six Quartels : comme aussi que l'ancienne rivière demeurera audit prieur, étant située dans sa seigneurie de Senuc.

Item les ratifications de ladite transaction. 1576.

xliv. — Bail à moitié par Dom Nicole Chertemps, prieur de Senuc, à Thierry Girardin, de 28 arpents 3 quartels 12 verges de terre y compris 5 arpents 1/2

de prés en 2 pièces, le tout dépendant de la petite
cense de Senuc et sis au ban et finage dudit lieu
avec 4 fauchées 58 verges de prés. A la fin duquel
bail est la déclaration desdits héritages. 1580.

xLV. — Bail à surcens viager fait par le prieur
de Senuc, du consentement des religieux de S. Remy,
à Pierre Hallet d'une place, masure et jardin assis
audit lieu au bout vers le village de Termes ; à la
charge d'y faire bâtir une maison et d'en payer
chacun an audit prieur 5ˢ et un chapon de surcens.
1584.

xLVI. — Mémoire du revenu du prieuré de Senuc
en l'année 1611, savoir :

Le greffe, 36ˡ.

Le menu cens, 90ˡ.

Droit sur chaque habitant, 4ˡ 10ˢ, dit taille de
Moustiers.

Ventes et droits de vêture, 75ˡ.

Ferme des amendes, 150ˡ.

Dîme du vin, 100 écus.

Le terrage, 30 pièces de vin valant 200ˡ.

Les 4 pressoirs, 80 écus.

Les menues dîmes, 36ˡ.

Les moulins, 350ˡ de location, 6 livres de cire,
quelques anguilles.

Les prés, 100 écus.

Le bois, 20ˡ.

La rivière, 30ˡ.

La cense du Chastellet, 60ˡ.

La cense d'Auxonne, 30ˡ.

La grande cense, 33 sept. de froment et 33 d'a-
voine.

La petite cense, 18 sept. blé et avoine.

Les dîmes de Granhans, 45^l.

» de Montchétif, 80^l.

» d'Autry, 45 écus.

» de Lançon, 60^l.

» de S. Oricle de Bouconville, 100^l.

» de Cernay, 80^l et 44 sept. de blé, 44 d'avoine.

» de Massiges et le rapport de Minaucourt et de Buzy, 200^l.

» de Reauroart, 40^l.

» de Fontaine, 30^l, le seigneur en donnant ce qui lui plaît.

» de Gratreuil, 21^l.

» d'Ardeuil, 36^l.

» de Vieux et Marvaux, 26^l.

» de Vrizy, 150^l.

» d'Aulizy, 113^l.

» de Verpel et Champigneul, 105^l.

» de Manre, 32^l.

» de Chemeri, 38^l.

» de Mouzon, 60^l.

» de Machault, 15^l.

La cense de Plaumont près Dontrien, 36^l.

Les dîmes de Vaux, 6 sept. blé, 4 d'avoine.

» de Beaurepaire, 18^l.

XLVII. — Bail fait par le prieur de Senuc de tous les revenus, droits et bâtiments dudit prieuré, par devant François Mathé, sgr. de Dommartin-Lettré, garde du scel du bailliage de Vermandois ; le prieur étant François Cauchon, abbé de Longwé, prévôt de Reims, représenté par Anne Brulard, sa mère, femme de messire Laurent Cauchon, sgr. de Treslon, Faverolles, conseiller d'Etat, à Etienne Compain,

marchand à Senuc, moyennant une rente annuelle
de 4160 livres rendues en 3 termes chez ledit seigneur, à Reims, rue du Marché-aux-Chevaux ; et
4 livres 19^s à l'abbaye de S. Remy ; plus 360 liv.
pour nourrir et vêtir les 2 religieux commis à la
desserte d'église priorale, par trimestre, avec les
offrandes de l'église, 2 pièces de vignes aux Côtes,
une coupe de bois taillis ; plus 123^l pour acquitter
les décimes, entretien du luminaire de l'église, fournir le vin des messes ; une miche de pain à 13 pau-
vres le jeudi saint, avec un hareng, un liard et un
dîner aux officiers de la justice : plus 20^l au bailli
du lieu, 10^l au procureur fiscal, avec la coupe d'un
quartel de bois, 15^l au sergent forestier avec même
coupe ; 10^l au procureur du prieur au présidial ;
enfin obligation de recevoir le prieur et sa suite
jusqu'à 5 chevaux pendant 2 jours chaque année.
1612.

Imp. coop. de Reims, rue Pluche, 24 (par dél. : N. Moncel).

www.ingramcontent.com/pod-product-compliance
Lightning Source LLC
LaVergne TN
LVHW022120080426
835511LV00007B/943